마음을 다친 아동·청소년 치료자를 위한 워크북

| Ricky Greenwald 저 / 정성훈 · 정운선 공역 |

학지사

머리말

『마음을 다친 아동 · 청소년을 위한 핸드북』을 펴낸 지 채 일 년이 되지 않았다. 이 책은 저자인 Rickey Greenwald가 서론에서 밝힌 대로 정신건강 전문가를 위한 5일간의 교육 프로그램과 아이를 직접 돌보는 보조 전문가, 어린이집 종사자, 수양부모 등을 위한 2일간의 프로그램에서 선보였던 내용을 종합한 것이다. 사실 그 책만으로도 충분할 수 있겠지만, 저자는 수련 담당자의 지도 아래 실제적인 실습을 받는다면 훨씬 더 많은 것을 습득할 수 있을 것이라 말하고 있다. 이와 같은 워크숍을 개최하기 위해 많은 노력을 하고 있지만, 실제 현장에서의 요구만큼 따라 가지 못하고 있다. 사실 바로 그 점이 이 책을 번역하여 출판하게 된 동기였다.

병원이나 학교 그룹홈, 쉼터, 아동보호 전문기관 같은 시설에서 외상을 당한 아동과 청소년들을 치료하거나 그들 곁에서 도움의 주어야 하는 사람들이 겪는 어려움이 예상외로 크다. 문제 행동이 너무 빈번하고도 심각하게 나타나기 때문에, 그 아이를 어쩔 수 없는 문제아라고 생각하기 쉽지 '도움이 필요한 아이'라고 인식하기가 어렵다. 돕고는 싶은데 어떻게 해야 할지 막막한 경우도 많다. 이런 와중에 아이들은 아이들대로, 보호자나 선생님, 치료자, 시설 종사자들과 같은 어른들은 어른들대로 관계 맺기 자체를 포기해 버리고 만다. 그래서 이런 곳에서 종사하는 사람들의 이직률이 높은 편이다.

백문이 불여일견(百聞不如一見)이며, 백견이 불여일행(百見不如一行)이다. 아이들은 실제로 참여를 시켰을 때만 제일 잘 배운다. 하물며 아이들보다 머리가 굳어진 어른들의 경우는 두말하면 잔소리다. 여러분들이 연습을 통해 실제 자신의 마음과 경험을 들여다보아야 마음을 다친 아동·청소년들에게 이 책이 어떻게 도움이 되는지 감을 잡을 수 있을 것이다. 이러한 요구에 따라 『마음을 다친 아동·청소년을 위한 핸드북』 본문 중 '연습'이라는 항목만을 따로 뽑아서 치료자를 위한 워크북을 새롭게 만들었다. 워크숍을 통해 직접 실습한다면 외상 초점 치료에 대해서 단시간에 많은 것을 배워 바로 사용해 볼 수 있을 것이다. 워크숍에 참여할 수 있는 여건이 아니라면 주변 동료들과 함께 짝을 지어 연습해 보기 바란다.

이 책의 본문 중에는 이런 말이 쓰여 있다. "치료하는 아이를 진심으로 사랑하는 방법을 찾는 것이 관계의 핵심이다. 많은 연구들이 공감과 긍정적 존중 같은 치료의 비특이적 요소가 상당히 중요한 치유인자라고 보고했다. 그러나 단순히 긍정적인 감정을 느끼고 표현하는 것만으로 충분하지 않다. 진심으로 도와주려고 노력하는 많은 치료자가 있지만 아이를 외상에서 회복시키지 못할 수도 있다. 사랑은 책임지는 것이다."

진심으로 도와주려고 노력하는 여러분이 아이를 회복시키는 데 성공할 수 있도록 이 책이 많은 도움이 되었으면 한다. 여러분 스스로가 유능하다는 느낌을 가지는 것이 그 첫걸음이 될 것이다.

2011년

역자 정성훈, 정운선

차 례

제2부 평가와 치료 계획

제3부 안전성과 역량증진

제4부 정신적 외상 해결

제5부 마지막까지 최선을 다하기

제6부 24/7-일상 생활에서 아이 도와주기

제1부

정신적 외상의 이해

-기존의 기술들을 조직화할 수 있는 구조

1. 정신적 외상 이해하기
2. 정신적 외상 치료의 구조
3. 정신적 외상근거 치료관계
4. 당신 자신을 돌보시오

1 정신적 외상 이해하기

이 책에 나오는 연습/활동에 대한 소개

당신은 연습과 활동을 통해 내용을 직접 체득할 수 있다. 사람들은 실습이 포함된 학습 과정을 통해 가장 잘 배운다. 이 책은 외상에 대한 내용이기 때문에 연습이나 활동 중에 당신의 외상 경험에 자주 초점을 둘 것이다. 연습과 활동에 참여하다 보면 당신의 감정에 상처가 생기거나 또는 잠자고 있던 고통스러운 감정이 상기될 때도 있다. 워크숍 동안 대부분 이런 감정들이 처리되는 경험을 하기 때문에 실습을 소중하게 생각하게 될 것이다. 그러나 항상 예외가 있을 수 있다.

보통 일시적인 불편감보다 배움의 가치가 훨씬 더 크지만, 항상 결정권은 당신에게 있다. 실습 참여가 감정 상태와 기능에 영향을 줄 수 있기 때문에, 당신은 자신이 생각하는 학습의 중요성뿐만 아니라 현재 상태/주변 상황 그리고 강의 이후의 그날 계획 등을 고려해서 결정하기 바란다. 당신에게는 항상 선택의 문이 열려 있다.

- 활동에 전적으로 참여하기
- 계속 진행하기 힘들 정도로 고통이 커지기 전까지 참여하기. 그 수준을 넘어서면 중단한다.
- 참여하지만 불필요한 고통을 피하기 위해 신중하게 내용(예, 집중하려는 기억)을 선택하기
- 참여하지 않기

명심할 점은 흔히 당신의 예상보다 고통이 더 강할 수 있다는 것이다. 연습 중에 너무 큰 고통을 느낀다면 먼저 당신 자신을 보호하는 것이 중요하므로 자신의 상태를 항상 관찰하기 바란다. 다음은 그런 상황에서 도움이 되는 조언들이다.

- 심호흡 또는 이 책에서 제시하는 이완 기법들을 사용한다.
- 효과적인 자신의 대처 기술/방법(예, 다른 것 생각하기, 산책하기, 음악 듣기 등)이 있다면 사용한다.
- 워크숍에 참석 중이라면 강사와 고통스러운 감정에 대해 상의한다.
- 믿을 수 있는 가족, 친구, 동료, 상사와 고통스러운 감정에 대해 상의한다.
- 정신건강 전문가와 고통스러운 감정에 대해 상의한다.

연습: 역표류(float-back)

이 연습의 주목적은 외상과 관련된 자극인자들이 당신의 삶 속에서 어떻게 활성화되는지를 보여 주려는 것이다. 당신은 작동 원리를 직접 경험할 때 다른 사람들을 더 잘 이해하게 될 것이다. 또 다른 목적은 의뢰인에게 이 기법을 가르칠 수 있도록 당신이 직접 경험해서 완전하게 습득하게 하려는 것이다. 종이와 연필 또는 볼펜을 준비한다.

역표류

1. 지난 며칠간 있었던 일 중에서 약간 고통스러웠던 한 가지 일을 생각한다. 화난 기분, 격한 감정, 걱정, 마음 상했던 일, 슬픔, 좌절감 등 어떤 것이라도 상관없다. 큰 사건을 선택해서는 안 된다. 보통 머릿속에 처음 떠오른 것이 맞을 때가 많다.
2. 0~10점 척도를 사용한다. 0점은 전혀 기분이 나쁘지 않은 것이고, 10점은 생각할 수 있는 가장 나쁜 기분을 의미한다. 선택한 그 일 중에서 최악의 순간에 집중한다. 마음속에 그 장면을 떠올리고, 마음속에 어떤 생각이 들고 어떤 느낌이 드는지 관찰한다. 그 장면에 집중한 채로 지금 현재 느껴지는 그 나쁜 감정이 0~10점 사이에서 몇 점에 해당되는가? (그 당시에 느꼈던 감정이 아니다.) 선택한 숫자를 기록하라.
3. 선택한 그 기억에 다시 집중하고 그 장면을 떠올릴 때, 어떤 생각과 어떤 느낌이 들고 신체

에 어떤 감각이 드는지 관찰한다. 그 감정을 점점 더 강하게 느껴보라.

4. 머릿속으로 시간을 거슬러 흘러가서 그런 감정을 처음 느꼈던 순간으로 가라. 아주 어린 시절까지 가도 된다. 머릿속에서 어떤 것이 떠오르면 그것이 바로 그 순간이다.
5. 다시 0~10점 척도를 사용한다. 10점이 가장 최악의 감정을 말한다. 그 느낌에 집중한 채로 과거의 그 기억과 관련된 감정이 지금 현재 얼마나 나쁜 느낌인가? (그 당시에 느꼈던 감정이 아니다.) 그 숫자를 기록하라.

심호흡

고통이 있는 기억을 상기했기 때문에 지금부터는 기분이 편안해지도록 심호흡 훈련을 통해 이완하는 연습을 하려고 한다. 당신에게 꼭 필요하지 않더라도 연습 삼아 한번 해 보라. 아주 깊게 천천히 호흡을 들이마시고 셋까지 센 후에 다시 셋을 세면서 천천히 내뱉으면 된다. 준비되었는가?

호흡을 들이마시면서 하나, 둘, 셋; 멈추고 하나, 둘, 셋; 천천히 내뱉으며 하나, 둘, 셋. 다시 호흡을 들이마시면서 하나, 둘, 셋; 멈추고 하나, 둘, 셋; 천천히 내뱉으며 하나, 둘, 셋.

지금부터는 호흡을 뱉을 때 어떤 나쁜 것—신체의 긴장, 괴로운 생각이나 장면들—을 찾아보라. 그래서 호흡을 뱉을 때 찾아낸 그 부분에서 공기가 빠져나오고, 숨을 내쉴 때 그곳에 있던 나쁜 것들이 호흡과 같이 빠져나간다고 상상해 보라. 준비되었는가?

호흡을 들이마시면서 하나, 둘, 셋; 멈추고 하나, 둘, 셋; 나쁜 감정들을 천천히 내뱉으며 하나, 둘, 셋. 다시 호흡을 들이마시면서 하나, 둘, 셋; 멈추고 하나, 둘, 셋; 나쁜 감정들을 천천히 내뱉으며 하나, 둘, 셋.

토론에 필요한 질문

과거 기억이 최근 기억보다 점수가 더 높은(더 나쁜 기분이 든) 사람은 누구인가? (손을 들게 한다.) (보통 3/4이 손을 든다.) 이것은 어떤 의미일까?

- 한 번 중요했던 사건은 오랜 시간이 흘러도 계속 영향을 줄 수 있다.
- 최근 사건에 대한 당신의 반응 중 일부는 적어도 과거 기억의 급소가 자극되어 발생된 것은 아닐까?

최근 기억이 과거 기억보다 점수가 더 높은(더 나쁜 감정이 든) 사람은 누구인가? (손을 들게 한다.) (보통 1/4이 손을 든다.) 이것은 또 어떤 의미일까?

- 아마도 최근 사건이 실제로 큰 사건이었다. 보통 그럴 가능성은 적지만.
- 최근 사건이 오래전에 일어난 일보다 더 생생하게 느껴질 수 있다.
- 아이에게 최근 사건이 그럴 리가 없다고 말한다면 아이가 당신을 믿을 수 있을까?

모든 답이 정답이다. 당신은 아이를 치료할 때 과거와 현재를 모두 다루어야만 한다.

> 12세 소년은 7세 때 어머니가 갑자기 돌아가시기 전까지 아무런 문제 없이 성장했다. 그러나 그 후 학교에서 짜증을 내고 잦은 다툼을 하는 문제가 발생했다. 당신은 소년의 행동문제가 어머니의 사망과 직접 관련되어 있다고 확신할 것이다(그렇다면 맞다). 그러나 이 소년에게 그렇게 말하면 화를 내면서 당신에게 다음과 같이 말할 것이다. "왜 항상 어머니에 대해서 말해요? 어머니 얘기는 이제 하기도 싫어요! 어머니가 돌아가신 것은 괜찮다고요! 선생님은 나만 꾸짖잖아요. 다른 친구들도 그런 행동을 하는데 항상 나만 꾸짖잖아요!"

당신이 어머니에 대해 계속 얘기하면 어떻게 될까? 틀림없이 그 소년은 자신이 무시당했다고 느낄 것이다. 아이는 자신에게 중요한 것을 대화하고 싶어 하지만, 당신은 아이를 무시하고 있다. 그러면 그는 당신을 믿지 않고 비협조적이 된다. 그렇게 될 때 아이는 어머니에 대한 주제를 회피할 수 있기 때문에 그로서도 원하는 일이다! 이제 당신은 도움을 줄 수 있는 기회를 잃어버렸다.

반면에 당신이 그 아이의 생각을 존중해 주고 최근의 고민거리에 대해서 대화한다면 어떻게 될까? 아이는 배려받는 느낌을 받아 치료를 계속하려 하고, 문제해결 방법이나 대처 기술들을 배우게 될 것이다. 그러나 과잉반응의 원인까지 치료하지 않는다면 핵심 문제는 그대로 남아 있게 된다. 그렇게 되면 그는 앞으로 몇 년간 많은 치료자를 찾아다니겠지만 결국 핵심 문제는 남게 될 것이다.

그럼 당신은 어떻게 해야 할까? 어떻게 현재뿐만 아니라 과거까지 다룰 수 있을까? 다음 장부터 이에 대한 설명이 나온다. 외상을 입은 아이들의 마음속에 어떤 일이 일어나는지를 이해하는 것은 이 책의 목적 중 하나다. 지금부터 아이들에게 무엇을, 어떻게 도와줘야 하는지를 하나씩 단계별로 설명할 것이다. 다음 장은 그 첫 단계로서 과거와 현재의 원인 요소들을 모두 고려해서 아이의 주요 증상을 해석하는 방법에 대해 배우게 될 것이다.

2 정신적 외상 치료의 구조

연습: 행동의 의미

다음은 연습할 사례들이다. 집단으로 각 단계를 토의한 후에 평가표에 기록하면 된다. 사례별로 순서에 맞게 평가표를 완성하며, 첫 단계(정신적 외상/상실 사건)를 충분히 기록하고 나서 다음 단계로 넘어간다. 사례에 없더라도 당신이 볼 때 충분히 가능성 있는 내용이라고 생각하면 기록해도 좋다. 당신의 경험과 판단력을 믿기 바란다. 물론 정리한 것이 100% 정확할 수는 없지만 아이와 가족과 함께 탐색해 볼 가치가 있을 것이다.

평가표를 작성하지 않고 사례만 읽고 설명하고 싶은 분도 있을 것이다. 지도감독을 해 본 내 경험에 비추어 볼 때, 이런 유혹에 넘어가면 이미 알고 있는 것에 안주하게 되며 새로운 것을 시도하지 못하고 배우지도 못하게 된다. 단계별로 하나씩 하기를 권유하며, 평가표를 완성해 보기 바란다. 평가표를 만드는 이유는 다음 장에서 배우게 될 것이다.

첫 사례에 대한 평가표 견본이 뒤에 제시되어 있지만, 먼저 스스로 작성한 후에 비교해 보기 바란다. 작성하기 어려운 사례는 앞에 나온 단계별 설명을 다시 한 번 읽어 보고 작성하라.

데미안

데미안은 13세 소년으로, 7세 때 부모가 이혼하기 전까지 신체 학대를 받았을 뿐만 아니라 가족 폭력을 목격한 병력이 있다. 어머니는 데미안이 자신에게 예의 바르게 행동하고 집에서 동생들도 잘 돌본다고 말했다. 그는 남녀 친구들에게 인기가 좋고 친절하고 사교성이 좋은 소년이었다. 그러나 친구를 놀리거나 교사에게 버릇없이 말하는 등 언어적인 공격성이 심했다. 작은 체구의 여교사에게는 '너무 가까이 다가서곤' 해서 교사가 신체적으로 위협받는 느낌이 들어 의뢰되었다. 그러나 실제로 신체 접촉을 하거나 말로 위협한 적은 없었다. 데미안은 ① 교사를 상처 줄 의도는 없었다, ② 답을 모른다며 학생들 앞에서 꾸중해서 자신을 바보 취급했다는 등 교사에게 잘못이 있다고 말했다.

조 디

조디는 또래보다 성장이 빠른 7세 여아로 세계무역센터 폭파 1주기 기념식 후에 소변을 못 가리고 악몽을 꾸기 시작했다. 3년 전에 집에 불이 난 적이 있었다(그때 조디는 집에 없었다.). 최근에는 여동생을 괴롭히는 행동도 나타났다. 교사가 왜 시험문제를 다 풀지 못했느냐고 묻자 갑자기 우는 행동을 보여 의뢰되었다.

마이클

마이클은 10세 소년으로, 학교에서 2년간 충동/파괴적 행동, 친구 간 갈등, 낮은 학업 수행 등의 문제가 있어 9세 때 주의력결핍 과잉행동장애(ADHD)로 진단되었다. 그때 약물치료를 받아 처음에는 도움이 되는 듯했으나, 몇 주 지나면서 성적이 다시 떨어졌다. 외상/상실 병력으로는 5세 때 사소한 교통사고와 6세 때 삼촌이 사망한 일이 있었다.

제 시

제시는 14세 여학생으로 최근에 여자 친구들과 함께 친구들을 괴롭혀(욕과 위협을 하고 돌을 던짐) 검거된 후 의뢰되었다. 제시는 상대 친구들이 먼저 욕을 했고 자신들을 위협했다며, 친구들이 거짓말을 한다고 주장했다. 제시는 6~7세 무렵에 어머니의 동거남에 의해 성추행을 당했다. 그 사건을 알게 된 어머니는 동거남을 집에서 쫓아냈다.

행동의미 평가표: 데미안의 사례

1. 정신적 외상/상실 사건(모든 사건들):

2. 부정적 믿음들(부정적 자기 규정):

3. 축적된 감정들:

4. 자극 상황(과잉반응을 유발하는 것):

주제:

예(들):

5. 문제 행동(들)

행동의미 평가표: 조디의 사례

1. 정신적 외상/상실 사건(모든 사건들):

2. 부정적 믿음들(부정적 자기 규정):

3. 축적된 감정들:

4. 자극 상황(과잉반응을 유발하는 것):

주제:

예(들):

5. 문제 행동(들)

행동의미 평가표: 마이클의 사례

1. 정신적 외상/상실 사건(모든 사건들):

2. 부정적 믿음들(부정적 자기 규정):

3. 축적된 감정들:

4. 자극 상황(과잉반응을 유발하는 것):

주제:

예(들):

5. 문제 행동(들)

■■■ 행동의미 평가표: 제시의 사례 ■■■

1. 정신적 외상/상실 사건(모든 사건들):

2. 부정적 믿음들(부정적 자기 규정):

3. 축적된 감정들:

4. 자극 상황(과잉반응을 유발하는 것):

주제:

예(들):

5. 문제 행동(들)

■■■ 행동의미 평가표 예시: 데미안 사례 ■■■

※ '정답' 이 아님을 명심하시오.

1. 정신적 외상/상실 사건(모든 사건들):
   아버지가 어머니를 때리는 것을 보았다.
   아버지가 데미안을 때렸고 욕하며 비난했다.
   부모가 큰소리로 싸우는 소리를 들었다.
   아버지를 상실한 것과 비슷하다(데미안은 부모 이혼 후 아버지를 거의 보지 못했다).

2. 부정적 믿음들(부정적 자기 규정):
   나쁜 일들은 내 잘못이다.
   나는 나쁜 사람이다.
   나는 무력하다.
   나에게는 나쁜 일들이 일어난다.
   나는 안전하지 않다.

3. 축적된 감정들:
   공포, 수치심, 분노, 슬픔, 죄책감, 혼란감

4. 자극 상황(과잉반응을 유발하는 것):
   주제: 그를 비난하거나 하찮게 취급하는 사람
   예(들): 교사가 친구들 앞에서 꾸중하는 것, 친구들이 따돌리거나 무시하는 것

5. 문제 행동(들):
   교사에게 너무 가까이 다가서는 행동, 친구들을 놀리는 행동

우화

옛날 옛날에 작은 마을 크기의 작은 왕국이 있었다. 그곳은 모든 것이 평화로웠다. 어른들은 일하고 아이들은 학교에 갔다. 교회나 절에 다니는 사람들도 있고, 다니지 않는 사람들도 있었다. 사람들은 주말이면 친구 집에 놀러 가고, 바비큐를 해 먹고, 게임을 하고, 파티를 열기도 했다. 대부분의 사람들은 서로 친하게 지냈다. 그러나 모두가 그런 것은 아니었다. 그렇게 세월이 흘러갔다. 아주 평화롭게.

그러던 어느 날…….

용이 나타났다. 용은 농부의 농장에 있는 소를 잡아먹었다. 어떤 날은 누구 집 앞뜰에 있는 개를 잡아먹었다. 사람들은 공포에 휩싸였다! 부모들은 아이들을 밖에 나가지 못하게 했다. 아이들이 말을 잘 듣지 않자, 부모도 용에게서 아이들을 안전하게 지키기 위해 집에 머물게 되었다.

곧 아무도 학교에 가지 않았고, 일하러 가는 사람도 거의 없어졌다. 모든 사람들이 용을 두려워하며 집에만 있었다. 그러던 중 사람들은 '다른 왕국에는 용이 없는데, 왜 우리 왕국에만 나타났을까?' 하고 궁금해하기 시작했다. 그 이유를 알고 싶었지만 아무도 모르다 보니 소문만 무성하게 떠돌았다. 한편의 사람들이 다른 편 사람들을 비난했고, 사람들이 집단으로 나뉘어 서로 비난하게 되었다. 곧 모든 사람들이 서로 비난하고 화난 상태가 되었다.

얼마 지나지 않아 이 왕국에 대한 평판은 나빠졌다. 다른 왕국의 사람들은 용에 대해서는 몰랐지만 그 왕국이 어떤 상황인지는 알고 있었다. 그들은 "그 왕국은 엉망이야. 어른들은 일하지 않고, 아이들은 학교에 안 가. 서로서로 만나지도 않고 서로 화만 내고 하루 종일 집에만 있다고 해. 모두 이상해졌어."라고 수군댔다.

그렇게 세월이 흘렀다. 그러던 어느 날…….

번쩍이는 갑옷을 입은 기사가 나타났다. 사실 그는 기사도 아니었고 무기도 없었다. 그냥 지나가던 청년이었다. 그러나 그 왕국 사람들은 그에게 특별한 능력이 있다고 생각했다.

"이보세요! 당신은 용을 죽일 수 있어요. 그 일을 할 사람이 바로 당신이군요!"라고 사람들이 외쳤다.

그 청년은 "미안합니다만 나는 용 사냥꾼이 아니에요. 사람을 잘못 봤습니다. 나는 사랑하는 공주를 찾는 중인데, 공주가 사는 왕국을 몰라서 이렇게 오랫동안 여행 중입니다."라고 말했다. 그는 공주가 그려진 그림을 꺼내 사람들에게 보여 주었다. "이렇게 생긴 공주를 본 적 없습니까? 어디에 살고 있는지 아는 사람 없나요?"

"알아요. 우리 공주님입니다. 여기에 살고 있어요. 이런 우연이 있을 수 있나! 공주님은 용을 죽이는 사람과 결혼하기를 원해요!"라고 사람들이 말했다.

그 말을 들은 청년은 "그래요? 그렇다면 내가 바로 그 사람입니다. 나를 용에게 데려다 주세요!"라고 말했다.

사람들은 그를 용이 잠들어 있는 어두운 장소로 데려갔다. 용을 본 청년은 "오! 난 못해요! 나는 용을 처리할 수 없어요! 절대로 안 돼요! 이 용은 너무 크고 강해요. 비늘로 덮여 있고 숨쉴 때는 불이 나온다고요. 이 일은 없던 일로 합시다!"라고 말했다.

그러자 사람들이 "당신은 할 수 있어요. 우리는 당신을 믿어요! 당신은 해낼 거예요. 연습해서 힘을 기르면 이길 수 있어요. 우리가 도와주고 개인 코치도 붙여 줄게요. 공주를 기억하세요!"라고 말했다.

"오, 공주!" 청년은 공주와 사랑에 빠져 진심으로 그녀와 결혼하기 원했다. "알았어요. 잘 할 수 있을지 모르겠지만 노력해 볼 테니 결과는 두고 봅시다."라고 말했다.

사람들은 그에게 개인 코치를 붙여 학교 운동장에서 연습하게 하였다. 그러나 청년은 집중할 수가 없었다! 연습을 시작하려다 갑자기 멈추고 주변을 살피곤 했다. 그는 밖에 있을 때 용이 나타나 자신을 잡아가지는 않을까 두려웠다. 그래서 연습에 집중할 수 없었으므로 이 방법은 전혀 효과가 없었다.

그래서 사람들은 그를 한쪽에 키 큰 나무들이 줄지어 있는 숲 끝 개척지로 데려갔다. 그러고는 개척지의 트인 편에 높은 울타리를 쳤다. 모든 사람들이 나무를 베고 쌓아 올려 튼튼하게 고정했다. 어떤 사람들은 음식을 준비했다. 아이들도 물을 나르거나 소식을 전하는 등 할 수 있는 일은 무엇이든 했다. 곧 높은 울타리가 세워졌다. 이제 청년은 연습에만 집중할 수 있게 되었다.

그 후로는 모든 것이 순조로웠다. 그는 매일 개인 코치와 함께 열심히 연습했다. 엎드려 팔굽혀펴기, 윗몸일으키기, 역도 연습, 쪼그려 뛰기 등 많은 운동을 하였다. 코치는 매일 1~2파운드씩 청년의 몸무게를 늘렸다. 그는 매일 조금씩 더 튼튼해지고 빠르고 날쌔졌다. 마지막에는 용으로 분장한 운동선수를 상대로 용을 죽이는 장면을 실제로 연습했다.

드디어 그날이 다가왔다. 청년은 준비를 마쳤고, 용이 살고 있는 어두운 곳으로 가서 싸워서 용을 죽였다.

청년은 공주와 결혼했다. 그러나 왕국의 분위기는 과거와 똑같은 상태로 돌아가지 않았다.

한 가지 이유는 이제 왕국에 영웅이 생겼다는 것이다. 다른 왕국의 사람들은 "그 왕국에 용 사냥꾼이 있다니, 우리도 그런 영웅이 있다면 좋겠어."라고 말했다. 왕국의 모든 사람들은 자부심과 긍지를 가지게 되었다. 그들 모두가 힘을 모았고, 그들도 도움을 주었던 것이다.

그러나 사람들은 '왜 우리 왕국에 용이 나타났을까? 용이 다시 나타나지는 않을까?' 궁금해했지만 답을 찾지 못했다. 사람들은 용이 다시 나타나지 않을까 계속 걱정되어 원인을 알아내려고 전문가를 고용했다.

전문가는 왕국을 샅샅이 조사하였다. 그러고 나서 전체 회의를 열어 모든 사람들에게 결과를 알려 주었다. "당신들은 두 가지 문제를 가지고 있습니다. 쓰레기를 모두 한곳에 쌓아 두었더군요. 수킬로 떨어진 곳까지 쓰레기 냄새가 퍼졌습니다. 용은 쓰레기 냄새를 맡고 왔습니다." 그래서 사람들은 각자의 집 뒤에 퇴비 공간을 만들어 그곳에 쓰레기를 버리기로 결정했다. 그렇게 하자 냄새가 멀리 퍼지지 않아 용을 끌어들이지 않았고, 농사에도 도움이 되었다.

"또 다른 문제도 있습니다. 농장들이 있는 왕국의 주변 지대가 너무 낮고 평평합니다. 평지가 수킬로 이상 뻗어 있더군요. 게으른 용이 기어 오기에 너무 좋은 지형입니다."라고 전문가가 말했다. 그래서 왕국 주위에 사과나무를 심기로 결정했다. 사과나무가 있으면 용이 쉽게 넘어올 수 없게 되고, 사람들이 사과를 좋아하기도 했다.

얼마 후 사과가 많이 열리자, 사람들은 또 다른 아이디어가 생각났다. 가을마다 모든 사람들이 참여하는 큰 사과 축제를 벌였고, 제일 맛있는 사과, 가장 큰 사과, 제일 맛있는 사과파이를 뽑는 대회를 열었다. 그 왕국에는 축제에 필요한 풍성한 음식뿐만 아니라 경기나 음악도 준비되었다.

축제의 절정은 토요일 밤에 용을 사냥하는 경기였고, 모든 사람들이 구경했다. 물론 살아 있는 용이 아니라 지난해 우승한 사람이 용 역할을 대신했다. 일 년 내내 왕국의 모든 청소년들은 다음 축제 때 우승하기 위해 열심히 훈련을 하였다. 용을 죽이는 축제의 마지막 밤은 정말 즐거웠을 뿐 아니라 다른 용이 나타나더라도 싸울 준비가 되어 있었다.

그 이후로 그들은 내내 행복하게 살았다.

이 우화는 외상근거 치료를 효과적이고 포괄적으로 이해할 수 있는 은유적인 모델이다. 각 치료 단계에 해당되는 내용이 우화에 포함되어 있다.

우화의 각 요소가 어느 치료단계를 상징하는지 각 치료단계에 맞는 우화의 해당 부분을 찾아본 후 다음 페이지의 내용과 비교해 보기 바란다.

정신적 외상 치료의 우화 모델

치료 단계	우화의 해당 부분
역량/자원들, 정신적 외상/상실 병력을 포함한 평가	
동기유발 면담, 목표설정	
정신적 외상근거 사례 요약과 정신건강 교육	
정신적 외상 관련 치료 계약	
안전성과 기타 필요한 요구에 대한 사례관리, 안전과 보호를 위한 부모교육	
정동조절뿐만 아니라 신체적 · 심리적 안전성을 위한 자기관리 기술 교육	
정신적 외상 해결	
재발 방지와 손상 감소	

정신적 외상 치료의 우화 모델

치료 단계	우화의 해당 부분
역량/자원들, 정신적 외상/상실 병력을 포함한 평가	나는 당신의 장점을 안다; 당신은 용을 죽일 수 있는 유일한 사람이다. 우리는 문제를 이해하기 위해서 용에 대해 알아야 한다.
동기유발 면담, 목표설정	공주가 없다면 아무 소용이 없다.
정신적 외상근거 사례 요약과 정신건강 교육	성공할 수 있다는 희망을 가지도록 역량/자원들을 파악한다. 용을 고려하라. 그러면 문제들을 이해할 수 있다.
정신적 외상 관련 치료 계약	주변에 울타리를 쌓고, 더 강해져 용을 죽일 수 있도록 개인훈련을 권유한다.
안전성과 기타 필요한 요구에 대한 사례관리, 안전과 보호를 위한 부모교육	다시 공격받을 불안이 없도록 울타리를 쌓는다. 그렇게 할 때 과제에 집중할 수 있다.
정동조절뿐만 아니라 신체적 · 심리적 안전성을 위한 자기관리 기술 교육	기술과 장점을 증진할 수 있는 개인 교육훈련
정신적 외상 해결	용을 죽여라.
재발 방지와 손상 감소	용이 냄새를 맡지 못하도록 쓰레기장이 아닌 퇴비 곳간을 사용한다. 용이 침입하기 어렵도록 사과나무를 심는다. 용 사냥 경기를 위해 청소년들을 훈련시키고, 다른 용이 오더라도 싸울 준비를 갖춘다.

3 정신적 외상근거 치료관계

연습: 누가 어떻게 도와주었나

1. 당신의 소아기/청소년기를 생각해 보라. 그리고 진심으로 당신을 가장 많이 도와준 사람을 한 명 선택한다. 그 사람은 당신의 삶과 발달에 긍정적인 영향을 준 사람일 것이다. 또, 당신이 어떤 문제를 극복하거나 좋은 태도를 가지게 도와주었고, 또는 당신 자신을 더 사랑하게 하였거나 어떤 것을 포기하지 않도록 격려해 주었을 것이다. 그 사람이 누구인지, 그 사람이 당신의 성장에 어떤 영향을 미쳤는지 기록하라.
2. 그 사람의 어떤 행위들이 당신에게 긍정적인 영향을 주었는지 생각해 보고, 그런 영향을 미친 그 사람의 행동들을 기록하라.
3. 각 범주에 해당하는 그 사람의 구체적 행위를 하나씩만 기록하라. 그 사람의 행위는 어떤 면에서 RICH 모델과 일치하고 또 어떤 면에서는 일치하지 않는가?
   RICH 모델이란 Respect(존중), Information(정보 제공), Connect(연대), Hope(희망)를 의미한다. RICH 모델은 외상 치료에서 최적의 치료관계를 형성하는 접근법이며 서로 RICH 방식으로 대하면 모든 사람이 더 안전하고, 더 지지받고 더 관계(연대)되어 있다고 느낄 수 있다.

존중:

정보:

연대:

희망:

집단이라면 서로 토론해 보라.

토론 주제들

1. 이 연습을 통해 알게 된 것은 무엇인가?

2. 이 연습을 통해 배운 것은 무엇인가?

이 연습의 어떤 부분이 마음에 들고 인상적인 부분은 무엇인가?

3. 어떤 특성/행동들이 아이를 도와줄 때 가장 중요한 것 같은가?

치료하는 아이를 진심으로 사랑하는 방법을 찾는 것이 관계의 핵심이다. 많은 연구들은 공감과 긍정적 존중 같은 치료의 비특이적 요소가 상당히 중요한 치유인자라고 보고했다. 그러나 단순히 긍정적 감정을 느끼고 표현하는 것만으로는 충분하지 않다. 진심으로 도와주려고 노력하는 많은 치료자가 있지만 아이를 외상에서 회복시키지 못할 수도 있다.

내 할머니 무덤 앞에서 랍비가 "사랑은 책임지는 것입니다."라고 말했다. 랍비의 말은 할머니가 '너를 사랑한다.'라는 말 이상의 것을 했다는 의미다. 할머니는 식사 준비와 학교에 입고 갈 깨끗한 옷을 준비해 주는 행동을 통해 사랑을 보여 주셨다. 치료자의 책임은 아이를 치료할 수 있는 기법들을 배워서 제공하는 것이다. 외상에서 회복되려면 특수한 치료가 필요하다. 치료자는 관심을 가지고 돌보는 역할뿐만 아니라 외상에 대해 특별한 무언가를 해야 한다. 외상근거 개입을 통해 당신은 치료관계를 형성하고 치료자의 진심을 전달할 뿐만 아니라 외상을 벗어날 수 있는 핵심적인 치료적 개입을 하게 될 것이다.

다시 말해, 치료관계는 아이들의 치유에 근본적인 요소다. 그러나 일련의 특별한 연습, 기술, 개입들이 포함될 때 치료관계와 치유가 완성된다. 이 책은 전체적으로 외상 치료의 기술적인 부분과 관계적인 요소를 통합해서 균형 있게 구조화한 것이다.

4 당신 자신을 돌보시오

연습: 정신적 외상을 입은 아이를 돌보는 것은 우리에게 어떤 영향을 미치는가

외상/상처를 가진 아이들을 돌보면서 당신이 받은 영향이 있다면 다음 항목에 표시하고 내용을 기록하라(Saakvitne et al., 2000).

- 세계에 대한 믿음
- 영적인 믿음
- 자기감, 근거감, 정서적 안정감
- 개인 또는 가족에 대한 안정감
- 자신이나 타인에 대한 신뢰
- 당신이 사람들을 판단하는 방식
- 조절감
- 홀로 있거나 타인과 함께 있는 능력
- 신체와의 관계

집단이라면 마치고 나서 서로 자유롭게 대화하기 바란다. 그러나 공유하지 않더라도 부담을 가질 필요는 없다. 말을 하건 침묵하건 안전하다는 느낌이 중요하기 때문이다.

집단이든 또는 혼자이든 간에 다음 질문에 답하라.

- 당신의 답 중에 예상치 못한 것이 있었는가?

- 다른 사람의 답 중에 놀랄 만한 것이 있는가?

- 서로 공통된 주제들이 있는가?

- 차이점이 있는가?

연습: 당신이 경험한 가장 고통스러웠던 사건

당신이 경험했던 가장 고통스러웠거나 화났던 사건을 생각해 보기 바란다. 그 사건의 어떤 부분이 당신을 가장 고통스럽게 했는지 기록하라. 원한다면 다른 사람과 대화해도 좋다. 다른 사람들과 비교하여 공통점과 차이점은 무엇인가?

당신에게 상처를 주는 것은?

모든 충격적인 경험들이 외상을 남기지 않듯이, 외상을 가진 아이를 치료할 때마다 대리외상을 받는 것은 아니다. 치료자들은 사례의 핵심적 특징—돌보기, 무력감, 아이가 겪은 경험이나 행동에 의한 자극—을 처리할 수 없을 때 상처를 받는다고 한다.

돌보기

아이와 일하는 많은 사람들은 돌보기를 회피함으로써 자신을 위험에서 차단하려고 한다. 돌보지 않으면 상처받지 않는다. 그러나 돌보지 않으면 아이는 당신을 신뢰하고 따르지 않아 좋은 효과가 있을 수 없다. 아이를 돌보려 할 때 아이에게 상처 준 무언가가 당신에게도 상처를 입힐 가능성이 커진다.

무력감

매우 끔찍한 사건을 경험한 아이에게 실제적인 도움을 주었다면 치료자에게 그 일은 '훌륭한 사례' 가 된다. 치료자들에게 가장 고통스럽고 힘들었던 사례를 질문하면 사정에 관계없이 도움을 줄 수 없었거나 더 좋게 해 줄 수 없어 치료자가 무력감을 느꼈던 사례를 선택한다. 당신이 돌보는 아이의 상처를 해결할 수 없을 때 느끼는 무력감은 실로 감당하기 어렵다.

자극받기

사소한 스트레스를 자극인자(과거 외상을 상기시키는 것)로 지각해서 과잉반응을 하는 아이와 마찬가지로 치료자도 그럴 수 있다. 당신 또한 급소가 있다! 아이의 충격적 경험은 흔히 치료자의 외상을 상기시킨다. 아이의 행동이나 상황은 치료자를 화나게 하고, 좌절시키고, 배척감이나 무력감을 느끼게 한다. 이런 감정은 치료자에게 자극인자로 작용한다. 이런 자극을 받을 때, 치료자는 견딜 수 없는 강한 감정을 경험하거나 과잉반응할 위험성이 아주 높다.

연습: 당신이 영향받는다는 것을 어떻게 알 수 있는가

당신이 업무를 보면서 받은 상처를 생각해 본 후 기록하라.

- 어떤 일이 있어났는가?

____

- 어떤 증상들이 나타났는가?

____

- 무언가 잘못되었다는 것을 어떻게 알았는가?

____

- 그래서 당신은 어떻게 했는가?

____

원한다면 다른 사람과 대화해도 좋다. 다른 사람들과 비교하여 공통점과 차이점은 무엇인가?

상처받은 아이들과 일할 때 피할 수 없는 직업적 위험이 있다. 아이를 도와주려면 당신의 마음의 문을 열어야 하고, 그렇기에 스스로 상처받을 수 있는 위험에 노출된다.

직업적 위험이란 말에 대해 생각해 보자. 어떤 생각이 떠오르는가? 다른 분야에서도 직업적 위험이 있고, 이를 알고 대처한다. 건설 현장의 근무자는 헬멧을 사용해야 한다. 병원에서 사용한 주사기는 안전하게 따로 보관되고 처리된다. 비행기 승무원은 비행 후에 반드시 휴식을 취하게 되어 있다. 그렇다면 당신은 스스로를 어떻게 보호해야 할까? 어떻게 하면 될까?

연습: 자기관리 점검

아래 질문에 대한 답을 기록하라.

당신이 다음 행동을 했던 마지막은 언제였는가?

행동	마지막으로 한 시기
밤에 잠을 푹 잤다.	
친구와 재미있고 즐거운 시간을 보냈다.	
좋아하는 운동을 했다.	
다른 사람을 도와줄 수 없었을 때 자신을 되돌아보는 시간을 가졌다.	
영양분이 풍부한 음식을 먹었다.	
애인이나 가족과 재미있고 즐거운 시간을 보냈다.	
업무가 남았지만 일찍 또는 정시에 퇴근했다.	
(동시에 업무를 보지 않고서) 편안히 식사를 했다.	
업무의 어려움에 대해 친한 동료와 대화했다.	
시간을 내어 진짜 좋아하는 무언가를 했다.	

연습 후 질문

- 당신의 최근 생활에 대해 깨달은 점이 있는가?

____

- 당신 자신에 대해 무엇을 알게 되었나?

____

- 당신의 생활 상황에 대해 무엇을 알게 되었나?

____

- 이상을 알게 되었을 때 어떤 느낌이 들었나?

____

- 지금 자신에게 하고 싶은 말은 무엇인가?

____

연습: 자기관리 계획

이 연습은 혼자 또는 짝을 지어 할 수 있다. 짝이 있다면 상대에게 다음 질문을 한 후 실천 가능하고 구체적인 답을 할 때까지 기다린다. 마치면 역할을 바꾸어서 시행한다. 혼자 연습한다면 자신을 검토하기가 어렵기 때문에 너무 오래 구체적인 것을 생각하지 않기 바란다. 최선을 다하라.

질 문

- 당신에게 꼭 필요하고 현실적으로 실천 가능한 자기관리 기술을 하나만 선택하라.

____

____

• 그것을 실천하려면 다음 단계로 무엇이 필요한가? 원하는 행동 중에서 실제로 할 수 있는 현실적인 작은 것을 선택하라.

____

____

• 그것을 어떻게 실천할 수 있을까?

____

____

• 무슨 요일, 몇 시, 어디에서 할 것이며, 어떤 준비 과정이 필요한가?

____

____

• 그것을 실천하는 데 어떤 장애물이 있을까?

____

____

• 방해하는 요소들로는 어떤 것들이 있는가?

____

____

• 지속적으로 실천하려면 그 장애물을 어떻게 해결해야 할까?

____

____

토론

상대가 답을 모두 말했는가? 구체적 계획(날짜, 시간, 장소, 준비 과정 등 모든 것!)을 말하도록 해야 한다. 혼자 연습한다면 내용을 기록해서 봉투에 넣고 계획한 행동을 실천하기로 했던 날 개봉해서 보기 바란다.

연습: 동료 지지

다음 질문에 대한 답을 기록하라.

- 당신은 전문가 동료들과 정기적인 모임/상호작용을 하는가? 어떤 모임/상호작용인지 기술하라. 그것은 당신에게 어떤 의미가 있는가?

- 당신은 새로운 기술들을 배울 수 있는 기회를 언제, 어디에서 얻게 되는가?

- 당신은 아이들을 돌보며 겪는 문제들(감정뿐만 아니라 제도와 개입)을 언제, 어디에서 자유롭게 표현하는가?

- 당신은 전문가 동료들과 함께 동료애나 친밀감을 언제, 어디에서 느끼게 되는가?

- 어떻게 하면 직장에서 동료지지 시스템을 만들 수 있을까? 구체적으로 어떻게 해야 될까?

- 어떻게 하면 개인적인 동료지지 시스템을 만들 수 있을까? 구체적으로 어떻게 해야 될까?

제2부

평가와 치료 계획

5 초기 면담:
첫인사에서 병력까지

연습: 초기 면담 실습하기

뒤에 제시한 '아동 면담 대본' 대로 동료와 초기 면담을 연습하고, 그 후에 역할을 바꾸어 해 본다. 혼자라면 대본을 읽고 나서 의뢰인에게 시도하면 된다. 다만 먼저 치료 준비, 규칙, 다른 활동을 소개한 다음에 해야 한다.

의뢰인 역할을 한다면

- 특정 연령(말을 충분히 할 수 있는 연령!)의 아이 역할을 한다. 치료자에게 이름과 나이를 말한다.
- 대본을 보거나 치료자가 할 역할까지 해서는 안 된다. 당신은 특정 연령의 아이처럼 행동하면 된다. 그러나 치료자를 너무 힘들게 할 필요는 없다. 문제 사례를 연습하는 시간이 아니고, 치료자 역할을 맡은 사람에게 이 단계를 연습할 기회를 주려는 것이다.
- 실제 상황에서 이 단계는 규칙을 설명한 다음에 시작되는 부분이다. 그래서 "대답하고 싶지 않은 질문을 받으면 어떻게 해야 하지?" 라는 질문을 받는다면, 당신은 앞서 배운 대로 "말하지 않아도 돼요." 라고 말하면 된다.

치료자 역할을 한다면

- 대본에 있는 글을 그대로 읽으면 된다. 다만 아이의 연령에 맞지 않는 질문(예, 약물 사용 등)이 있는 부분은 넘어가도 된다.
- 당신이 원하는/필요한 답을 얻지 못할 때 할 수 있는 추가 질문이 괄호 안에 있다. 예를 들어, "가장 좋아하는 색깔은 무엇이니?" 라고 묻고, 아이가 "푸른색." 이라고 답하면 다음으로 넘어간다. 그런데 아이가 "좋아하는 색깔이 하나가 아닌데요?" 라고 한다면 괄호 안에 있는 "그래? 그럼 좋아하는 색깔 두세 개를 말해 볼래?" 라는 질문을 사용하면 된다.
- 아이가 질문을 거절하면 규칙을 잘 기억하고 있다는 칭찬을 하고 다음 질문으로 넘어간다.
- 아이의 반응을 더 파악할 생각으로 추가적인 질문은 하지 말라. 좀 이상하게 들리겠지만 지금은 지시대로만 한다. 경험이 쌓이면 당신이 융통성 있게 대처할 때가 올 것이다. 그러나 두 가지 예외 사항이 있다.
  - 아이의 말을 잘 이해하지 못했을 때 확인하려고 질문하는 것은 괜찮다. 예를 들어, 아이가 담배를 '많이' 피운다고 할 때 "하루에 몇 개비 정도?" 라고 질문한다.
  - 긍정적인 부분을 강조하는 간단한 질문은 괜찮다. 예를 들어, 아이가 그림 그리기를 좋아한다고 할 때 "어떤 그림을 자주 그리니?" 라는 질문은 해도 된다. 이런 질문은 장점을 강조한다.
- '아이' 가 말하는 것을 기록한다. 실제 치료에서도 기록해야 한다. 이 역시 평가 정보이며, '네가 말하는 것은 중요하다.' 는 존중을 표시한다.
- 대본에 있는 문장을 그대로 읽는다. 빨리 읽지 말고 또박또박 읽는다. 빨리 말할 수 있는 기회는 앞으로 많이 있다. 지금은 실습하는 시간이다. 이 대본은 당신이 원하는 반응을 이끌어 낼 수 있도록 신중하게 고안된 것이다. 지금부터 연습을 시작하기 바란다.

연습 후 질문

• 의뢰인 역할을 한 사람들에게:

의뢰인 역할을 해 본 소감은?

아이 역할을 할 만했는가?

어떤 부분이 잘되었고, 어떤 부분은 잘 안 되었는가?

• 치료자 역할을 한 사람들에게:

치료 역할을 해 본 소감은?

치료자 역할을 할 만했는가?

어떤 부분이 잘되었고,

어떤 부분은 잘 안 되었는가?

■■■ 아동 면담 대본 ■■■

내가 너에 대해 더 많이 알기 위해 질문할 거라고 했던 말을 기억하니?

그리고 말하기 싫으면 대답하지 않아도 된다는 규칙도 기억하니?

대답하고 싶지 않은 질문을 받으면 어떻게 하면 된다고 했지?

지금부터 질문을 하려고 하는데 준비가 됐니?

네가 가장 좋아하는 색깔은 무엇이니? (추가 질문: 그럼 좋아하는 색깔 2~3개를 말해 볼래?)

네가 가장 좋아하는 음식은 무엇이니?

네가 가장 좋아하는 음악은 무엇이니?

네가 가장 좋아하는 TV 프로그램은 무엇이니?

학교에서 재밌는 일은 무엇이니? (추가 질문: 없다고? 그럼 휴식시간에 재밌는 일은?)

학교에서 싫어하는 일은 무엇이니? (또 다른 것은?)

아이들은 혼자 있는 것을 좋아하거나, 한두 명의 친한 친구들과 가깝게 지내거나 또는 많은 친구들과 어울리는 것을 좋아해. 너는 어떠니? ('많다'의 경우, 그중에서 너와 특히 가까운 친구들이 있니? 아니면 모두 똑같이 친하니?)

말하고 싶지 않으면 말하지 않아도 된다는 것을 기억하니?

지금부터 네 친구들에 대해 몇 가지 질문을 하려고 해. 담배를 피우는 친구가 있니?

마리화나를 피우는 친구는? 술은? 다른 약물은? 그 친구들은 학교에서 어떻게 행동하니?

평범한 학교생활을 하니, 아니면 문제를 일으키니? 친구들이 법을 어긴 적도 있니?

너에게도 비슷한 질문을 해 볼게. 너는 담배를 피우니?

마리화나나 다른 마약 종류는?

술은?

다른 약물은?

학교에서 어떻게 행동하지?

법을 어긴 일도 있었니?

친구들과 무엇을 하며 시간을 보내니? ('자주 가는 곳'을 말할 때까지 추가 질문을 해도 된다. 만약 내가 그 곳에 간다면 네가 뭘 하고 있는 것을 보게 될까?)

친구들과 시간을 보내는 또 다른 방법으로는 뭐가 있니?

네가 좋아하는 다른 것은 무엇이니?

또 다른 것은?

다른 사람들은 네가 무엇을 잘 한다고 말하지?

지금부터는 다른 종류의 질문을 할 거야. 만약 동물이 되고 싶다면 어떤 동물이 되고 싶니?

그 [ ]이 되면 좋은 점은 무엇일까?

세 가지 소원이 있다면?

지금 마술 지팡이로 네 문제를 모두 사라지게 할 수 있다면 내일부터 너는 어떻게 달라질까?

(추가 질문: 만약 내가 TV로 너를 보고 있다면 네가 무엇이 달라졌다고 느낄 수 있을까?)

(추가 질문: 그래? 그렇다면 학교생활이 더 좋아지겠구나. 어떻게 해서 학교생활이 더 좋아질까?

그 변화는 너의 내부에서 오는 걸까, 아니면 외부에서 오는 걸까?)

6 정신적 외상 병력 청취하기

■■■ '최악의 사건들' 예시 ■■■

최악의 사건들

연령	사건	SUDS
10	삼촌 사망	6
5	자동차 사고	3
11	?	10+
13	남자친구와의 이별	7

심호흡(심호흡을 했지만 이완되지 않았다.)

가장 좋았던 일들

연령	사건
항상	생일날
14	롤러스케이트 타는 것
13	휴가로 해변에 간 일

* 심호흡이 효과적인 개입법이 아니었다면 이 기록을 보고, 다음번에는 다른 개입법을 시도해 볼 수 있다.

연습: 정신적 외상/상실 병력 얻기

동료와 같이 연습하고, 마치면 역할을 바꿔 다시 시행한다. 혼자라면 스스로 양식을 완성하는 연습을 해야겠지만 실습의 의미는 감소한다.

의뢰인 역할을 한다면

- 이것은 역할놀이가 아니다. 당신은 실제로 의뢰인이 되어야 한다. 당신이 노출하고 싶은 사건을 선택해서 말해야 한다. 그러나 안정감을 유지할 정도로만 노출하라.
- 대본을 보지 말라. 대본은 치료자를 위한 것이다. 당신 자신에게 충실하라.

치료자 역할을 한다면

- 뒤의 '정신적 외상/상실 병력 기록지'를 그대로 이용하거나 복사해서 사용하면 된다. 의뢰인의 답변을 기록지에 기술한다.
- 뒤의 '정신적 외상/상실 병력 대본'을 읽는다. 대본을 크게 읽되, [ ] 안의 내용은 치료자에 대한 지시 사항이니 보기만 하면 된다. 글자 그대로 읽는다.
- 순서대로 진행한다. 먼저 준비 과정을 거치고, 그 후에 외상/상실 사건들과 연령을 확인하고, 그다음에 각 사건에 대한 SUDS를 파악한다. 심호흡을 실시하고, 마지막에는 가장 좋았던 일들을 질문한다. 대본을 따라가면 된다.
- 나쁜 일은 자세하게 질문하지 않지만, 그렇다고 당신의 인간적인 면이나 관심까지 숨길 필요는 없다. 임상적 기술들을 동원하여 당신의 동정심, 염려, 위로, 경청의 태도를 전달해도 되고 또 그래야만 한다. 그런 마음을 어떻게 전달할까? 사람마다 자신에게 맞는 스타일이 있겠지만, 정서적으로 함께 있으면서도 객관적/침착한 상태를 유지하는 능력인 공감이 필수적인 조건이다. 행운을 빈다.

정신적 외상/상실 병력 기록지

최악의 사건들

연령	사건	SUDS(0–10)

심호흡의 효과(효과적인 개입법 / 효과적이지 않은 개입법)

가장 좋았던 일들

연령	사건

정신적 외상/상실 병력 대본

지금부터 너에게 질문을 할 텐데, 어떤 아이들은 얘기하길 원하지 않는 그런 내용에 대한 거야. 말하고 싶지 않을 때는 어떻게 하면 되는지 기억하지?

좋아. 지금까지 너에게 있었던 일들 중에 가장 나쁜 일들을 목록으로 정리하려고 해. 많이 슬펐거나 화가 났거나 무서웠던 일들, 너무나 큰 충격을 받은 일들을 말하는 거야. 너에게 벌써 어떤 일이 머릿속에 떠올랐을 수도 있지만 다른 아이들이 말했던 일들을 먼저 말해 줄게. 그러면 내가 무엇을 질문하는지 더 잘 이해하게 될 거야.

어떤 아이들은 자동차 사고나 다른 종류의 사고를 말하기도 하고, 다른 사람이 크게 다치는 장면을 본 것을 말하기도 해. 가족이나 아이를 돌봐 주는 사람이 아프거나 사망한 일을 말했던 아이들도 있어. 가족과 떨어진 일을 말하는 아이들도 있고, 혹은 누군가가 아이를 다치게 했거나 성폭력이나 위협한 일을 나쁜 사건이었다고 말했어. 부모님이 심하게 말다툼하거나 싸우는 장면을 목격한 것을 말하기도 했어.

너에게는 어떤 나쁜 일들이 있었을까?

참 잘했어. 그 일이 있었을 때 몇 살이었니?

생각나는 또 다른 일이 있니?

[등등. 더 이상 말하지 않을 때까지 계속한다.]

[주의 사항: 아이가 정신적 외상/상실이 전혀 없다고 한다면 다음 질문을 한다.]

학교에서 가장 힘들었던 때는 몇 학년이었니?

친구들 사이에서 가장 힘들었던 일이 있었던 때는 몇 살이었니?

너와 친했던 누군가가 사망했던 때는 몇 살이었니?

가장 큰 징계나 처벌을 받았던 때는 몇 살이었니?

부모님이나 다른 어른들이 가장 크게 말다툼하거나 싸우는 것을 본 때는 몇 살이었니?

이제 사건이 얼마나 고통스러웠는지 0~10점 점수로 질문할 거야. 10점은 네가 상상할 수 있는 최고로 고통스러운 것이고, 0점은 고통스러운 것이 전혀 없는 것이야. 사건이 일어났을 때의 고통이 아니라, 지금 그 사건을 머릿속에 떠올릴 때 현재 고통스러운 정도를 말하는 거야. 그렇다면 [그 자동차 사고]는 지금 현재 0~10점 사이에서 몇 점 정도로 고통스러울까? [목록에 있는 기억마다 SUDS—0~10점의 주관적인 고통 척도—를 질문한다.]

심호흡하는 방법 기억나지? 그게 긴장을 푸는 데 도움이 될 거야. 잠깐 내가 심호흡하는 것을 보여 줄 테니 보고 나서 따라 해 보자. 내가 1에서 3까지 셀 동안 천천히 깊게 숨을 들이마시고, 다시 3까지 셀 동안 숨을 참고, 다시 3까지 셀 동안은 천천히 숨을 내쉬면 돼. 그럼 시작할까?

숨을 들이마시면서 하나, 둘, 셋. 숨을 참고 하나, 둘, 셋; 천천히 숨을 내쉬면서 하나, 둘, 셋. 다시 한 번 더 숨을 들이마시면서 하나, 둘, 셋; 숨을 참고 하나, 둘, 셋; 천천히 숨을 내쉬면서 하나, 둘, 셋.

이제 숨을 내쉴 때 몸 어느 부위가 긴장되는지, 고통스러운 생각이나 장면이 떠오르는지 살펴볼래? 숨을 내쉴 때 네가 말한 그곳에서 나쁜 감각, 생각, 장면이 함께 빠져나간다고 상상해 보자. 준비됐니?

숨을 들이마시면서 하나, 둘, 셋; 숨을 참고 하나, 둘, 셋; 나쁜 것들을 내뱉으며 하나, 둘, 셋. 다시 한 번 숨을 들이마시면서 하나, 둘, 셋; 숨을 참고 하나, 둘, 셋; 나쁜 것들을 내뱉으며 하나, 둘, 셋.

지금은 어떠니?

좀 전보다 기분이 좋아졌니, 나빠졌니, 혹은 똑같니?

이제 너에게 있었던 일들 중에서 가장 좋았던 일이나 즐거웠던 때를 한번 생각해 볼까? 어떤 아이들은 기분이 최고로 좋았던 생일파티를 말하기도 해. 또 자랑하고 싶은 일, 가 봤던 특별한 장소, 또는 진짜로 재미있었던 어떤 일을 말하곤 했어.

네가 기억할 수 있는 가장 좋았던 일은 무엇이니?

연습 후 질문

의뢰인 역할을 했다면

아이 역할을 할 만했는가?

가능하면 당신의 경험을 기록해 놓기 바란다. 사람마다 느낌이 다를 수 있기 때문에 서로 의견을 교환하면 많이 배울 수 있다.

당신이 편안하게 느낄 수 있게 치료자가 진행했는가?

나쁜 기억들을 말하는 것이 너무 힘들지는 않았나?

심호흡이나 즐거웠던 기억을 말하는 것은 어떤 효과가 있었나?

치료자 역할을 했다면

치료자 역할을 할 만했는가?

가능하면 당신의 경험을 기록해 놓기 바란다. 아이가 더 얘기하도록 격려해 보았는가?

만약 했다면 어떤 식으로 격려했는가?

모든 참여자들에게

치료자 역할을 한 분 중에 아이의 얘기를 듣기가 힘들거나 고통스럽거나 견디기 어려웠던 분이 있다면 손을 들어 보기 바란다.

그런 느낌이 들었을 때 어떤 생각을 했는가?

____

어떻게 그런 감정을 처리했는가?

____

아직도 고통이 남아 있는가?

____

지금 그 고통을 처리하기를 원하는가?

____

외상 치료를 처음 시도하는 많은 치료자들은 사건 목록을 만드는 작업을 힘들어 한다. 당신이 외상/상실 병력을 질문했을 때, 사건 전체를 바로 얘기하려는 아이들도 있다. 그때 당신은 아이들이 말하게 그냥 두고 싶은 충동을 느낄 것이다. 대부분은 의뢰인이 '마음을 열고 말을 할 때'가 훌륭한 치료시간이라는 교육을 받았을 것이다.

아이는 말하려고 하는데 치료자가 중단시키는 것은 아이를 무시하는 행동은 아닐까?

____

그렇게 하면 아이는 어떻게 느낄까?

____

7 정신적 외상근거 사례 요약

연습: 스스로 연습하기

이 연습은 소그룹(이상적이라면 3~4명)이면 좋지만 혼자 해도 된다. 사례를 읽고 순서대로 연습하면 된다.

1. '정신적 외상근거 사례 요약' 평가표를 순서대로 완성한다. 1번 문항을 완성한 후에 2번 문항으로 넘어간다.
2. 그룹의 다른 사람들에게 먼저 사례를 읽고 나서 평가표를 발표한다. 부족한 부분이 있더라도 걱정하지 말고 최선을 다하면 된다. 사례 요약은 많은 연습이 필요하기 때문이다.
3. 사례 요약을 듣고 다른 사람들은 피드백을 준다.

요약이 잘되어 다음에도 그렇게 요약하면 될 부분은 어디인가?

더 잘 요약했으면 하는 부분이 있는가?

있다면 왜 그렇다고 생각할까?

---

4. 다음 사람이 발표하고 피드백을 받는다. 순서대로 계속 발표하고 피드백을 받는다.
5. 사례 요약을 잘하는 요령이 있다. 발표 전에 아래 요령을 참조하기 바란다. 물론 사례 요약은 풍부한 경험이 필요해서 한 번에 다 습득하기는 어렵다.
   - 평가표를 순서대로 작성한다. 그러면 순조롭게 진행될 것이다.
   - 아이, 교사, 낮은 학력의 부모가 이해할 수 있는 쉬운 말을 사용한다.
   - 표현을 라벨화하지 말고 일상적인 언어로 표현한다. 예를 들어, '그는 가정폭력을 목격했다.' 보다는 '그는 아버지가 어머니를 때리는 것을 보았다.' 란 표현이 더 좋다. 라벨화를 하지 말고 사실을 전달하는 것이 목적이다(참석자들 일부에게 비밀 유지가 필요한 내용이 있다면 숨기는 방법보다는 '어떤 나쁜 일이 있었다.' 는 식으로 막연하게 표현하고 넘어가는 것이 더 좋을 때가 많다. 그러나 상황에 따라 당신의 판단에 맡긴다.).
   - 아이의 생각이나 감정을 비난해서는 안 된다. 다른 아이들이라면 비슷한 상황에서 가질 수 있는 생각이나 감정들을 말해 주는 것은 도움이 된다. 그중에 맞는 말이 있으면 아이들은 더 쉽게 선택하고 이런 방식을 편하게 느낀다. 또한 아이들은 비슷한 경험을 한 다른 아이들이 있다는 것을 알면 자신만 이상한 경험을 하는 것이 아니고 자신의 경험이 '정상' 임을 이해해서 안정된 상태로 당신의 말을 경청하게 된다.
   - 아이에게 어떤 자극인자가 외상 기억에 축적된 부정적인 믿음과 감정들을 자극하면 결국 급소가 자극되어 과잉반응이 나타난다는 반응 과정을 설명한다. '급소가 자극된다.' 는 말을 그대로 사용해도 대부분은 잘 이해한다. 문제 행동은 나쁜 감정들을 제거하려는 시도이고, 그래서 아이에게 문제 행동은 해결책이란 점을 설명한다.

■■■ 연습: 정신적 외상근거 사례 요약 1 ■■■

마커스는 14세 소년으로 싸움 때문에 한 달간 정학을 받았으나, 그 기간 동안 친구를 심하게 구타한 사건으로 두 번째 정학을 받아 의뢰되었다. 초등 2학년 때 실시한 지능검사에서 전체 지능지수는 95(평균은 90~110)였고, 언어성 지수보다 동작성 지수가 더 우수하였다. 그 당시 읽기 곤란—읽기장애가 의심되었지만 진단받은 적은 없었다.—이 있었고, 학습량을 줄이고 개인수업을 하면 이해를 잘했다. 그러나 4학년이 되자 70점 이상 점수를 받지 못했다. 반에서 대체로 조용한 편이었고, 마지못해 공부하였고, 간신히 탈락을 면하는 성적을 받았다. 싸움 때문에 일 년에 한두 번 정학을 받았고, 교감선생님에게 친구들이 자신이나 가족을 비난할 때만 다투었다는 사실을 말하지 않았다(그러나 당신에게는 말한다.). 집에서는 조용하고 예의 바르나 화를 자주 폭발했다. 부모가 별거하다 결국 이혼한 7세 때까지 심한 체벌을 받았고 가정 폭력도 목격했다. 이혼 후로는 아버지를 만난 적이 없었고, 마커스도 만나고 싶은 마음이 없었다.

1. 옛날 옛적에(관계, 능력, 성공, 자원을 포함한 긍정적인 역량들을 소개한다.):

2. 그리고 나쁜 일이 일어났다:

3. 보통 어떤 일이 발생하는가?(비슷한 정신적 외상을 경험한 다른 아이들의 반응, 즉 부정적 믿음이나 축적된 감정들에서 유래하는 과잉반응을 기술한다.):

4. 축적된 감정들:

5. 자극인자(또는 '고위험' 상황)가 있을 때마다(자극 상황과 자극인자가 어떻게 과잉반응을 유발하는지 기술한다.):

6. 그리고 나쁜 생각과 감정들이 너무 강해져서(과잉반응의 긴급성과 문제 행동의 일시적 안정 효과에 대해서 기술한다.):

■■■ 연습: 정신적 외상근거 사례 요약 2 ■■■

마이클은 10세 소년이며, 2년 동안 충동/공격적 행동, 친구와 다툼, 불량한 수업 태도 등과 같은 문제가 지속된 후에 ADHD로 진단받았다. 9세 때 약물치료를 시작하여 초기에는 도움이 되어 몇 주간 학교생활을 잘하다가 다시 점차 악화되었다. 가정에서 여러 번 지시를 해야 할 일을 했고, 동생과 종종 다툼은 있지만 사이좋게 지내는 편이었다. 현재 부모는 별거 중이고, 마이클은 어머니와 살고 있고 일주일에 몇 번 아버지를 만난다. 정신적 외상 병력은 5세 때 가벼운 자동차 사고와 6세 때 삼촌의 사망이 있었다.

1. 옛날 옛적에(관계, 능력, 성공, 자원을 포함한 긍정적인 역량들을 소개한다.):

2. 그리고 나쁜 일이 일어났다:

3. 보통 어떤 일이 발생하는가?(비슷한 정신적 외상을 경험한 다른 아이들의 반응, 즉 부정적 믿음이나 축적된 감정들에서 유래하는 과잉반응을 기술한다.):

4. 축적된 감정들:

5. 자극인자(또는 '고위험' 상황)가 있을 때마다(자극 상황과 자극인자가 어떻게 과잉반응을 유발하는지 기술한다.):

6. 그리고 나쁜 생각과 감정들이 너무 강해져서(과잉반응의 긴급성과 문제 행동의 일시적 안정 효과에 대해서 기술한다.):

8 치료 계약하기

제안

1. 고위험 피하기
2. 자기조절 기술 기르기
3. 스트레스 줄이기
   - 일상생활의 스트레스
   - 과거 상처에서 오는 스트레스
4. 작은 성공 쌓기

동기유발

공주 찾기

다음은 아이의 동기를 촉진시킬 수 있는 효과적인 개입을 위한 단계들이다.

1. 아이가 원해서 치료하는 것이 아닐 수도 있음을 인정한다. "부모님은 네가 매주 치료받으러 올 거라고 하시던데 네 생각도 같니, 아니면 네 생각은 다르니?"

2. 다른 아이들이 선택했던 목표를 정리한 '표준 목록'을 사용해서 아이의 목표들을 확인한다. 아이에게 필요하다고 추정되는 목표가 포함되어 있는지 미리 살펴본다. "이 목록은 지금까지 다른 친구들이 원했던 내용을 정리한 거란다. 너에게 맞는 항목이 있다면 말해 줄래?"
   - 악몽을 안 꾸고 싶어요.
   - 성적이 오르기를 원해요.
   - 친구가 더 많아졌으면 좋겠어요.
   - 괴롭힘을 당하지 않았으면 좋겠어요.
   - 부모님에게 꾸중 듣지 않았으면 좋겠어요.
   - 밤에 소변을 싸지 않았으면 좋겠어요.
   - 말썽을 부리지 않았으면 좋겠어요.

3. 아이의 목표와 부모가 아이를 위해 바라는 목표가 일치한다는 점을 알려 준다. "너는 성적이 오르고 어머니께 꾸중 듣지 않기를 원하는구나. 어머니도 네가 원하는 것과 같은 것을 바라고 계시던데, 알고 있었니?"

4. 선택한 목표를 위해 노력하기로 합의한다. "네가 정한 목표를 이루도록 같이 노력해도 괜찮겠니? 성적을 올리고 어머니 꾸중을 덜 듣기 위한 치료를 해 보는 것은 어때?"

미래영화 각본

'미래영화(future movies)' 기법은 10대 아이들이 목표 설정과 목표 달성을 위해 최선을 다하도록 이끌어 주는 방법이다.

과거와 현재에 대해서 알아봤으니 지금부턴 네 미래에 대해서 생각해 보자. 이렇게 한번 상상해 볼까? 지금부터 10년 뒤–그때가 되면 너는 몇 살일까?–에 내가 퇴근길에 비디오 가게에 들러 [아이 이름] 스토리라는 영화를 빌리는 장면을 떠올려 볼래? 그 영화는 아이가 어떤 도시에서 성장하는 과정을 그린 영화이고, 시작은 괜찮은 편이야. 좋은 학생인 듯했으나 불행한 일을 겪은 후로는 자주 화를 내고, 스트레스를 잘 받고, 마음속에 나쁜 느낌이 계속 들게 되었어. 그래서 스트레스가 계속 쌓이다 보니 결국은 나쁜 행동까지 하게 되었지. 다툼이 늘고, 스스로 "나는 나쁜 아이들과 어울리는 불량학생이야. 좋은 학생이 되기는 이미 글렀어."라고 생각해. 그러나 얼마 지나 아이에게 어떤 변화가 일어나기 시작했어. 좋은 행동이 하나 나타나더니, 그 후 또 다른 좋은 행동을 하고 그다음에는 더 좋은 행동이 나타나고……. 영화가 끝날 때까지 그렇게 진행되었지. 음악이 흐르고 감독 등 만든 사람들의 이름이 나오는 마지막 장면을 보면서 나는 웃음 지으며 이렇게 말하는 거야. "아! 감동적인 영화구나." 만약 이것이 너에 대한 영화이고 영화처럼 네가 원하는 대로 될 수 있다면 네 미래는 어떨 거라고 생각하니?

(주의 사항: 실제 치료에서는 영화 스토리에 아이의 병력을 첨가해서 더 생생한 이야기를 만든다. 문제 행동의 발생이나 악화와 외상/상실 병력 간의 관련성을 직접 시사하는 내용, 과잉반응이나 문제 행동과 '스트레스 축적'의 관련성을 삽입한다. 영화 기법은 우화 모델을 따른다. 이것은 외상근거 사례 요약을 설명하는 방법이 되기도 한다.)

필요시의 추가 질문: 어떤 직업을 가질 것 같니?

어디에 살고 있을까?

지금 살고 있는 동네에 계속 살고 있을 것 같니?

아니면 다른 도시, 다른 나라에?

주택이나 아파트 중에 어떤 곳에 살고 있을까?

독신으로 또는 남자친구나 여자친구와 살고 있을까?

그때쯤 결혼은 했을까?

결혼했다면 부인은 어떤 사람일 것 같니?

차는 가지고 있을까?

있다면 어떤 차를 가지고 있을까?

차 색깔은 어떨까?

치료 계획과 계약

초등학교 고학년/청소년

초등학교 고학년 이상 아이들에게 미래영화 기법(Greenwald, 2004)을 사용할 때는 문제점(외상 포함)과 해결책을 도식화하면 효과적이다. 이 방법은 특히 하나의 문제 행동을 선택해서 해결할 때 도움이 되며, 그 결과로 아이가 자기조절을 잘하고 안정되면 아이와 주변 사람들은 치료가 효과적이라고 느끼게 된다. 과잉반응에 미치는 외상의 영향을 도식화해서 설명할 때는 더욱 효과적이었다(Nancy Smyth, 개인적 교신, 2002. 9). 다음에 나오는 '문제 행동의 악순환과 치료 방침' 의 도식(Greenwald, 2004)처럼, 종이에 원을 그리고 대화하면서 각 부분을 채워 나간다.

『마음을 다친 아동 · 청소년을 위한 핸드북』 178~183쪽의 '대화 예시' 를 참조하라.

문제 행동의 악순환과 치료 방침

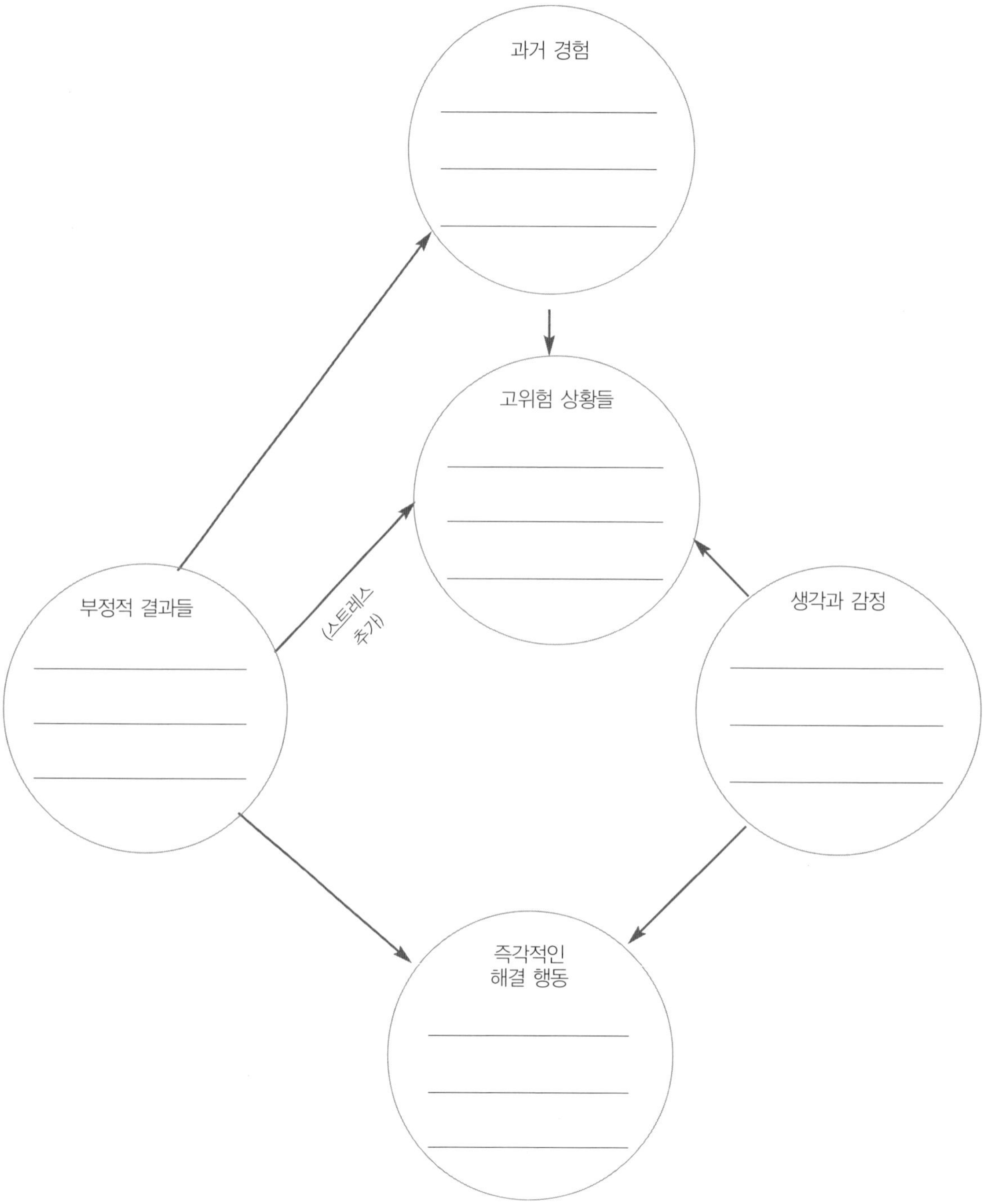

초등학교 저학년 이하 아이와 부모

이 단계에서 가장 중요한 것은 부모 역할의 중요성을 강조하는 것이며, 부모가 아이를 치료자에게 맡겨 놓았다는 느낌이 들게 해서는 안 된다.

『마음을 다친 아동 · 청소년을 위한 핸드북』 183~185쪽의 '대화 예시' 를 참조하라.

치료 계약의 방해물

마지막은 가족과 함께 치료 방해물을 예상해서 대처방법을 준비하는 것이다.

방해물: '치료는 위험하다'

자신의 증상이 가족을 유지하는 핵심적인 부분이라고 생각하는 아이들이 있다. 이런 방해물을 가진 아이들은 말로는 치료에 동의하지만 진심으로 치료에 참여하지 못한다.

이런 문제를 해결하려면 치료자는 아이에게 치료 성공을 두려워하는 생각은 없는지 질문하고 그 주제로 대화해야 한다. 아이들은 흔히 '더 좋아지면' 원하지 않는 나쁜 결과가 있을 것 같다는 걱정을 표현한다. 아이가 이런 걱정을 인정하면(흔히 구체적인 질문을 할 때) 그 두려움을 주제로 진지하게 상의할 수 있다.

『마음을 다친 아동 · 청소년을 위한 핸드북』 187~188쪽의 '대화 예시' 를 참조하라.

해 설

치료자가 이 문제를 진지하게 생각한다는 점을 전달하고 아이들이 흔히 걱정하는 목록을 준비하는 것이 중요하다.

학교 공포증 아이들 또한 부모의 외로움, 자살 시도, 갑작스러운 건강 악화, 폭력 등에서 부모를 지키기 위해 집 밖으로 나가지 못하는 두려움이 있다. 그럴 때 치료자는 부모도 치료에 동의한다는 의사를 아이의 공포를 실제로 줄일 수 있는 구체적인 행동을 통해 표현하도록 한다. 다음 예를 참조하라.

『마음을 다친 아동 · 청소년을 위한 핸드북』 189쪽의 '대화 예시' 를 참조하라.

해 설

- 이 개입에서는 부모에게 다른 성인에게 전화로 도움 요청하기, 아파트 문 관리하기 등과 같은 자기관리와 안전 행동을 교육한다. 먼저 부모에게 실제로 실천할 수 있는 행동을 파악하게 한다. 그다음에 그런 행동이 가진 특별한 의미, 즉 부모가 안전하고 자녀의 치료를 지지한다는 의미를 이해하게 한다.

방해물: '지각이 잦다'

치료자는 규칙적인 치료가 치료 효과에 매우 중요한 요소임을 설명하고, 약속을 지키기 힘든 이유를 파악하도록 노력해야 한다. 흔한 방해물로는 자녀 양육 문제, 약속을 깜박 잊어버림, 이동 수단의 부재 등이 있을 수 있다.

방해물: '이제 괜찮아요'

아이들이 과거 나쁜 사건의 언급을 회피할 뿐만 아니라 부모 역시 아이들이 과거 사건을 상기하기를 원하지 않는다. 아이들은 종종 "이제 괜찮아요. 그 일은 더 이상 말하고 싶지 않아요."라고 말한다.

이런 방해물은 그 출현을 예상하고 미리 교육해 놓으면 해결 가능하다.

제 3 부

안정성과 역량증진

9 사례관리

연습: 데미안의 사례로 선생님 또는 부모님 설득하기

만약 당신이 혼자라면 지시대로 뒤의 '연습: 사례관리를 위한 사례 요약' 양식을 작성한다.

집단이라면 소그룹(4명 권장)으로 나누어 사례를 읽고 우화 모델을 활용한 사례 요약과 치료 방침을 만들기 위해 이 평가표를 완성한다. 동료와 역할을 나누어 시행하고, 평가표를 기초로 아이를 도와줄 수 있는 최선의 방법이 무엇인지 동료를 설득하고 확신시킨다. 집단의 모든 사람이 돌아가면서 역할을 해 보아야 한다.

당신은 이것이 이미 배운 내용과 상당히 비슷하다는 것을 알게 되었을 것이다. 이 양식은 사례 요약을 근거로 작성하는 것이다. 다만 사례 요약을 근거로 해서 다음 단계로 넘어가는 준비 단계다. 다음은 몇 가지 실시 요령이다.

- 전문용어를 피하고 쉬운 언어를 사용해서 스토리를 말한다.
- 아이들은 경험을 통해 배우기 때문에 역시 새로운 경험을 하면 새로운 학습을 할 수 있다는 점을 강조한다. 당신(선생님 또는 부모)은 아이가 무엇을 배우기를 원하는가?
- 이미 상처받은 보호자를 비난하지 않는다. 지나가는 투라도 비난하지 말라. 당신이 보호자를 깎아내리거나 무시하면 보호자는 당신을 방해하려 할 것이다. 돌봐 주고 아이를 위해 시도했던 보호자의 노력을 인정해 주라. 행동은 잘못되었더라도 좋은 의도가 있었다면 인정해 주라.

지금까지 아이를 위해 힘써 온 보호자를 도와주려는 의도가 전달될 때, 보호자는 당신의 치료 방침을 더 잘 수용한다.

- 이것은 복잡한 개입법이다. 당신이 단순화해서 설명할수록 보호자가 더 쉽게 이해한다. 단순화하는 좋은 방법은 순서대로 진행하는 것이다. 평가표의 처음부터 끝까지 순서대로 대화해 보라.

데미안

데미안은 13세 소년이다. 7세 때 부모가 이혼하였고, 이혼 전까지 신체 학대와 부부 폭력을 경험하였다. 어머니는 데미안이 자신을 존경하고 집에서 동생을 잘 보살핀다고 했다. 데미안은 친근한 느낌을 주는 아이였고, 친구가 많고 활동적인 성격이었다. 그러나 친구를 괴롭히거나 욕을 하고 교사에게 불량스럽게 행동하는 문제가 있었다. 최근 여교사의 얼굴을 때리려는 행동을 해서 의뢰되었고, 실제로 때리거나 욕을 하지는 않았다고 했다. 데미안과의 면담을 통해 ① 데미안은 교사를 실제로 때리려는 의도는 없었고, ② 여교사가 답을 모른다며 꾸중할 때 친구들 앞에서 망신을 준다는 느낌이 들어 그런 행동을 했다는 것이 밝혀졌다. 교감선생님은 '데미안은 마음은 착한 괜찮은 학생'이라는 긍정적인 감정을 가지고 있어 이번 사건을 그냥 넘어가려고 했다. 그래서 당신이 지금 교감선생님, 어머니, 데미안을 만나고 있다.

평가표를 간결하고 쉽게 정리하고, 이번 여교사 사건과 관련된 자극인자에 초점을 맞추기 바란다. 데미안의 사례 요약을 마치면 다음 사례로 넘어가 친어머니에 대한 신뢰성 상실의 영향을 감소시킬 수 있는 전략을 수립하기 위해 다음 사례인 안젤라의 이모와 만날 예정이다.

■■■ 연습: 사례관리를 위한 사례 요약 1 (데미안의 사례) ■■■

1. 옛날 옛적에(관계, 능력, 성공, 자원을 포함한 긍정적인 역량들을 소개한다.):

2. 그리고 나쁜 일이 일어났다:

3. 그래서 어떻게 되었나?(각각의 정신적 외상 사건에 대해 아이가 어떻게 반응했는지 기술한다: 부정적 믿음들, 축적된 감정들):

4. 이제 자극(또는 '고위험') 상황이 될 때마다(자극 상황—핵심 주제와 상황—과 과잉반응을 어떻게 했는지 기술한다.):

5. 그리고 나쁜 생각과 감정들이 너무 강해져서(과잉반응의 긴급성과 문제 행동이 아이에게 어떤 진정 효과가 있는지를 기술한다.):

6. 그 상황에서 아이를 도와줄 수 있는 것은 무엇인가?(치료 단계와 각 단계의 목표를 대략적으로 수립한다):

7. 당신이 할 수 있는 것은 무엇인가?(현재 상황이 아이에게 미칠 수 있는 영향과 당신의 치료 방침이 가져올 수 있는 효과에 대해서 우화 모델에 근거해서 설명한다.):

연습 후 집단 토론

치료자의 어떤 설명이 보호자 역할을 맡은 분들에게 혼란스럽고 비난받고 불쾌한 느낌을 주었는가?

이해하기 쉬웠던 설명은 어떤 것이었나?

어떤 설명이 당신의 역량을 증진하거나 또는 치료자의 방침을 따르고 싶은 마음을 들게 했나?

치료자 역할을 하신 분들이 스스로 잘했다고 생각하는 구체적 행동은 무엇인가?

스스로의 생각으로 그런 행동을 했는가?

안젤라

안젤라는 9세 소녀이며, 정서문제와 행동문제로 치료 중이다. 친구들에게 잘난 척하고, 순서를 지키지 않고, 게임에서 지면 참지 못해 속이거나 게임판을 뒤집기도 했다. 5~6세경에 양아버지가 성폭력을 해서 아동보호 전문기관에서 분리했지만, 어머니가 양아버지와 헤어지지 않아 안젤라는 이모와 함께 살고 있고 현재 입양 수속 중이다. 매주 목요일 방과 후에 2시간씩 친어머니와 만난다. 어머니가 돌아간 날 저녁만 되면 안젤라는 울고, 고함치고, 발을 구르고, 반항하는 등 혼란된 행동을 보였다. 어머니가 약속을 어기고 오지 않은 날-반 정도는 약속을 어겼다-은 더욱 혼란되었고 다음날까지 그런 행동이 지속되었다. 치료 2개월 후 안젤라와 관계가 형성되어 외상처리를 하기로 계획 중이다. 부모 역할을 하고 있는 이모와 치료자는 좋은 관계를 형성하였다. 당신은 지금 이모와 만나고 있다.

평가표를 간결하고 쉽게 정리하고, 친어머니와 관련된 자극인자에 초점을 맞추기 바란다.

■■■ 연습: 사례관리를 위한 사례 요약 2 (안젤라의 사례) ■■■

1. 옛날 옛적에(관계, 능력, 성공, 자원을 포함한 긍정적인 역량들을 소개한다.):

2. 그리고 나쁜 일이 일어났다:

3. 그래서 어떻게 되었나?(각각의 정신적 외상 사건에 대해 아이가 어떻게 반응했는지 기술한다: 부정적 믿음들, 축적된 감정들):

4. 이제 자극(또는 '고위험') 상황이 될 때마다(자극 상황—핵심 주제와 상황—과 과잉반응을 어떻게 했는지 기술한다.):

5. 그리고 나쁜 생각과 감정들이 너무 강해져서(과잉반응의 긴급성과 문제 행동이 아이에게 어떤 진정 효과가 있는지를 기술한다.):

6. 그 상황에서 아이를 도와줄 수 있는 것은 무엇인가?(치료 단계와 각 단계의 목표를 대략적으로 수립한다):

7. 당신이 할 수 있는 것은 무엇인가?(현재 상황이 아이에게 미칠 수 있는 영향과 당신의 치료 방침이 가져올 수 있는 효과에 대해서 우화 모델에 근거해서 설명한다.):

연습 후 집단 토론

치료자의 어떤 설명이 보호자 역할을 맡은 분들에게 혼란스럽고 비난받고 불쾌한 느낌을 주었는가?

____

이해하기 쉬웠던 설명은 어떤 것이었나?

____

어떤 설명이 당신의 역량을 증진하거나 또는 치료자의 방침을 따르고 싶은 마음을 들게 했나?

____

치료자 역할을 하신 분들이 스스로 잘했다고 생각하는 구체적 행동은 무엇인가?

____

스스로의 생각으로 그런 행동을 했는가?

____

10 부모교육

■■■ 긍정적 양육 ■■■

문제 행동을 하는 아이들은 흔히 무섭고, 불안하고, 불안정한 상태입니다. 아이들은 따뜻하지만 확고하고 일관된 훈육을 필요로 합니다. 부모님이 그런 태도를 취할 때 아이들은 부모님에게 의지해도 된다고 생각합니다. 이런 양육 태도는 아이들에게 강한 안정감을 주고 진정 효과가 있습니다. 다음은 당신의 자녀에게 안정감을 줄 수 있는 방법들입니다.

1. 약속을 지키십시오.
지킬 수 없는 약속은 하지 마십시오. 그렇게 할 때, 자녀는 당신에게 의지하고 싶어 합니다. 칭찬이나 처벌 등 어떤 약속을 했더라도 항상 지켜야 합니다.

지킬 수 있을지 확신하기 어려운 너무 큰 약속은 하지 마십시오. 약한 처벌을 정해서 당신도 반드시 지킬 수 있도록 하십시오.

될 때는 된다고 하고 안 되면 안 된다고 말한다는 것을 자녀에게 교육하십시오.

2. 문제를 빨리 중단시키십시오.

자녀와 논쟁하지 마십시오. 당신과 아이는 동등하지 않습니다. 당신이 책임지는 위치에 있습니다. 당신까지 흥분해서는 안 됩니다. 당신이 흥분하면 아이는 화를 돋우는 행동을 더 하고, 결국 당신은 폭발하게 됩니다. 그래서 자녀는 당신이 자제하고 책임감을 유지하기를 바랍니다. 특히 흥분하면 고함을 치거나 지킬 수 없는 약속(너무 큰 처벌과 같은)을 하게 됩니다. 이런 분위기가 되면 자녀는 공포를 느끼고 불안하게 됩니다.

문제가 확대되기 전에 빨리 해결하면 감정 폭발을 피할 수 있습니다. 당신이 원하는 것을 자녀에게 한 번만 말하십시오. 그래도 안 되면 경고를 한 번 하십시오. 그래도 안 되면 짧은 타임아웃을 지시하십시오. 타임아웃이 지나면 아이는 당신이 말한 것을 하고 있을 겁니다. 바로 그것입니다. 당신은 논쟁 없이 해결할 수 있습니다.

문제를 빨리 해결할 때, 당신은 좌절하거나 화낼 필요가 없어집니다. 좋은 기분으로 문제를 해결할 수 있습니다.

3. 자녀와 즐겁게 지내십시오.

어떤 아이들은 당신의 관심을 받고 싶어 나쁜 행동을 하기도 합니다. 좋은 행동에 관심을 준다면 어떻게 될까요?

당신이 훈육을 신속하고 효과적으로 할 때, 자녀는 진정되고 문제를 일으키지 않게 될 겁니다. 그렇게 되면 더 많은 시간과 에너지를 자녀와 즐거운 시간을 보내는 데 사용하기 바랍니다. 자녀가 특별히 기억할 만한 일을 함께 하기 바랍니다. 산이나 바닷가에 놀러 가는 멋진 여행도 좋고, 같이 무엇을 고치거나 음식을 만드는 것과 같이 사소한 일이어도 괜찮습니다.

기억하십시오. 훈육과 즐거움은 모두 하나에서 나옵니다. 바로 자녀를 위한 당신의 사랑과 관심 말입니다.

11 자기조절 기술 교육

연습: 문제 도식화

동료와 짝을 지어 연습한다. 이는 역할놀이가 아니다. 당신은 치료자와 아이 역할을 짝과 번갈아서 한다. 혼자라면 기록지를 스스로 완성하면 된다. (뒤에 나오는 '변화가 필요한 행동을 위한 문제 도식화' 기록지는 신시아 쿠시먼[Cynthia Cushman]의 도움을 받았다.)

치료자 역할을 한다면

치료자 역할은 기술을 요구하고 숙달이 필요한 힘든 역할이다. 자세한 내용을 파악하려면 각본에 없는 것도 물어봐야 할 때가 있다. 실제로 아이를 치료할 때보다 더 힘들 수도 있다. 물론 실제 치료도 힘들지만 말이다.

원 안에 내용을 작성할 때 도움이 되는 몇 가지 요령이 있다. 글을 적기 전에 다음 요령을 다시 읽어 보기 바란다. 미처 몰랐던 것을 깨달을 수 있고, 정확한 연습이 중요하기 때문이다.

- 고위험 상황은 앞서 연습한 자극인자 상황과 대개 같지만 그렇지 않을 때도 있다. 여기서 고위험 상황이란 일시적인 위안을 주는 문제 행동이든, 좋은 결과를 맺는 긍정적인 행동이든 어떤 행동을 결정하기 직전의 상황을 말한다. 예를 들어, TV를 보는 어머니에게 고함치는

문제 행동을 했을 때 고위험 상황은 고함치기 직전에 어머니가 "지난 일요일에 왔어야지." 라고 말하는 구체적인 장면을 말한다. 만약 바람직한 행동이 산책이라면, 고위험 상황은 거실에서 신문을 볼 것인지 혹은 산책 나갈지를 고민하는 순간이 된다. 구체적으로 기록해야 한다. 예를 들어, '부엌, 아침 7시, 커피 잔을 씻고 싱크대에 빈 컵을 두는 장면' 과 같이 자세하게 파악한다.

- 생각과 감정 그리고 신체 감각은 행동을 결정하기 직전의 신호다. 앞에서 설명했던 부정적인 믿음이나 축적된 느낌과 같을 수도 있지만 전혀 다를 수도 있다. 여기서는 그 순간의 주관적인 경험을 말한다. 당신의 목표는 즉각적인 해결 행동을 재촉하는 생각, 감정, 감각을 파악하는 것이다.

- 즉각적인 해결 행동은 진심으로 원하는 행동이 아니라 충동적인 행동을 말한다. 나쁜 결과로 이어지는 일련의 단계적인 행동을 말하는 것이 아니라 결정의 순간에 일어나는 특정한 행동을 말한다.

- 바람직한 행동이란 문제 상황에서 목표를 달성할 수 있다고 기대되는 행동을 말한다. 역시 일련의 연속적인 행동이 아니라 특정 순간의 행동을 말한다. 즉각적인 해결 행동과 바람직한 행동은 양립할 수 없다. 즉, 어느 하나를 선택해야 한다. 예를 들어, "엄마! 잔소리 좀 그만해!" 라고 고함치거나 또는 "잠시 나갔다 올 테니 좀 있다 얘기해." 라고 말하는 것, 문을 열고 산책 나가거나 또는 신문을 들고 자리에 앉는 것처럼 둘 중 하나를 선택해야 한다. 이 예에서처럼 하나는 즉각적인 해결 행동이고, 다른 하나는 바람직한 행동이다.

- 부정적 결과(영화에서는 '나쁜 결과')는 최악의 상황을 가정한 시나리오로 극단적인 대가를 말한다. 아이 역할을 맡은 사람이 일반적인 상황을 선택하면, 각본에 있는 상황을 대표할 수 있는 시각적인 장면을 얻기 위해 추가 질문을 한다. 당신이 영화를 보듯이 생생하게 떠올릴 수 없다면 아직 충분히 구체적이지 않다는 뜻이다. 아이가 최악의 상황에서 자신을 보고 있는 장면을 찾아야 한다.

  '그럴 가치가 없다' 는 말이 아이에게 진실처럼 느껴지는지도 확인해야 한다. 그 말이 진실처럼 느껴지지 않는다면 더 미래까지 확장해서 최악의 나쁜 결과를 찾게 한다. '그럴 가치가 없다' 는 말이 진실처럼 느껴질 때만 행동을 수정할 이유가 될 수 있기 때문이다.

변화가 필요한 행동을 위한 문제 도식화

1. 항상 그런 행동을 하니?

아니면 특정한 상황에서만 그러니?

가장 마지막 사건은 어떤 것이었니?

큰 사건일 필요는 없어.

(또는 다음에 언제 또 이런 일이 있을 것 같니?)

2. 그 장면에 집중할 때, 머릿속에 어떤 생각, 단어가 떠오르지?

어떤 느낌이 드니?

몸에는 어떤 신호가 느껴질까?

3. 그런 생각, 단어, 느낌, 몸의 신호가 더 강해지면 어떤 행동을 하게 되니?
(문제 행동을 말한다.)

4. 문제 행동이 계속되고 점점 더 악화되면 어떤 나쁜 결과로 이어지게 되니?

나쁜 결과를 상징하는 이미지는 무엇일까?

'그럴 가치가 없다'는 말이 진실처럼 느껴지니?

그 장면에서 그 말이 진실처럼 느껴져야 해.

5. 네가 그런 상황에 잘 대처하고 자신을 조절하려면 (문제 행동) 대신에 어떤 행동을 하면 될까?

6. 만약 긍정적인 행동을 몸에 익히게 된다면 어떤 좋은 결과가 있을 것 같니?

좋은 결과를 상징하는 장면은 어떤 것이지?

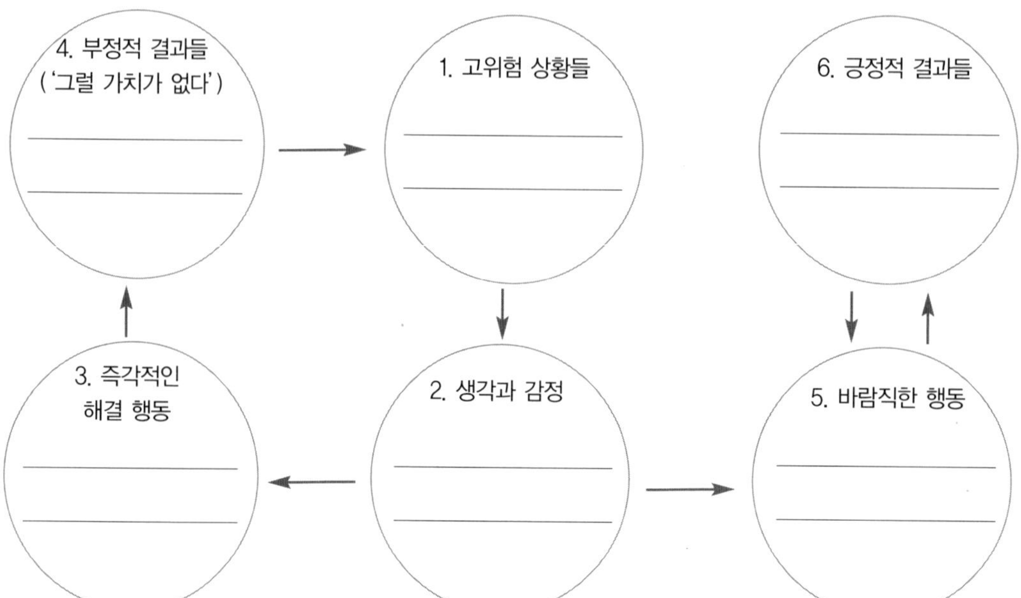

- **긍정적 결과**(영화에서는 '좋은 결과')는 최상의 시나리오로 최고로 바람직한 결과를 말한다. 아이 역할을 맡는 사람이 일반적인 상황을 선택하면 각본에 상황을 대표할 수 있는 시각적인 장면을 얻기 위해 추가 질문을 한다. 당신이 영화를 보듯이 생생하게 떠올릴 수 없다면 아직 충분히 구체적이지 않다는 뜻이다. 그럴 때는 "어디에 있니? 뭘 하고 있을까? 어떤 옷을 입고 있니? 누구 다른 사람도 있니? 몇 시쯤일까?" 등과 같은 질문을 한다. 항상 이런 질문을 할 필요는 없고, 단지 구체적인 이미지를 얻는 것이 목적이다.

- **생각과 감정의 원**은 결정을 막 내리려는 적신호, 즉 내적 신호들을 말한다. 다른 원에는 구체적인 장면을 기록한다. 치료자가 TV로 보듯이 생생하게 떠올릴 수 있는 구체적인 장면이어야 한다. 장면은 (날짜와) 시간, 장소, 행동이 포함될 때 구체적이 된다.

아이 역할을 한다면

지금 당신이 해결하기를 원하는 문제를 떠올려라. 당신의 힘으로 변화시킬 수 있는 행동을 선택하는 것이 원칙이다. 연습 목적으로 흔히 선택하는 행동은 다음과 같다.

- 분노 반응 조절하기
- 특정 상황에서 자기주장을 더 잘하기
- 과식을 줄이고 운동량 늘리기
- 미루는 습관 고치기
- 일상적인 일을 더 효과적으로 처리하기
- 당신 인생에서 더 중요한 것부터 실천하기

연습: 선택이 결과를 결정한다

이 연습은 문제 도식화에 이어지는 단계다. 실제 치료에서 몇 분 정도 문제 도식화를 완성한 다음에 바로 이 단계로 넘어간다. 문제 도식화 때 연습한 짝과 계속 실습한다. 혼자라면 치료자와 아이 역할을 번갈아 가면서 해 본다.

치료자 역할을 한다면

이미 완성한 문제 도식화 기록지와 함께 아래의 각본을 따라 한다. 각본의 고딕체 부분은 읽는다. 그리고 나머지는 당신을 위한 지시 사항이다.

아이 역할을 한다면

더 긍정적이고 건설적인 방식으로 행동하기를 원하는 당신 자신의 문제 행동을 생각하라. 그것은 분노 폭발이나 과식과 같은 행동화 문제일 수도 있고, 자기주장을 잘 못하거나 미루는 행동 같은 숨겨진 문제일 수도 있다. 다음 각본은 치료자를 위한 것이니 읽지 말라. 최선을 다해 솔직하게 하도록 노력하라.

각 본

머릿속으로 영화를 상영하도록 지시한다(상상으로; 눈은 떠도 되고 감아도 된다.).
다음을 읽는다.

"지금부터 말하는 것을 영화처럼 머릿속으로 상상하기 바랍니다. [미루는 행동/상황]이 첫 장면이고, 그다음에는 [생각과 감정]에 집중하고, 마지막 장면은 나쁜 결과와 '그럴 가치가 없다' 는 말을 생각하면 됩니다. 영화가 끝나면 말해 주세요. 그럼 '시작' 하면 합니다.

소감을 물어본다.

영화가 잘 진행되어 마지막에 "그럴 가치가 없어."라는 말까지 했는지 확인한다.
같은 방식으로 좋은 결과인 영화를 진행한다. 문제 상황에서 내적 신호인 생각과 느낌을 자각하고 좋은 선택과 결과로 진행하면 된다.

"이 영화도 같은 순서로 진행됩니다. [그 상황]에서 [생각과 감정]을 떠올립니다. 이번에는 좋은 결과가 마지막 장면입니다. 첫 장면에서 시작해서 다 되면 말해 주세요. 시작할까요?"

소감을 물어본다.

영화가 잘 진행되었는지 확인하라.

이번에는 아이 역할을 하는 사람이 결과를 자유롭게 선택하게 한다. 나쁜 선택은 나쁜 결과를 낳고 좋은 선택은 좋은 결과를 낳는다.

"이번에도 같은 방식으로 영화를 생각해 봅시다. [그 상황]과 [생각과 감정]을 상상으로 진행해 보세요. 그렇지만 나는 이 영화의 마지막 장면을 모릅니다. 결과는 당신의 선택에 달렸습니다. 나쁜 선택은 나쁜 결과와 그럴 가치가 없다는 장면으로 이어지고, 좋은 선택은 좋은 결과를 낳습니다. 시작할까요?"

소감을 물어본다.

영화가 잘 진행되었는지 확인하라.

아이 역할을 하는 사람이 두 번 연속으로 좋은 결과 영화를 선택할 때까지 반복하게 하라. 매번 "나쁜 선택은 나쁜 결과를 낳고, 좋은 선택은 좋은 결과를 낳습니다."라는 말을 상기시켜라.

연습 후 질문

아이 역할을 한 분은 잘했는가?

당신의 소감은 무엇인가?

치료자 역할은 어떠했는가?

아이 역할을 한 분 중에 문제 상황에서 기대하는 행동이 연습 전보다 더 어려워진 분이 있는가?

있다면 손을 들어 보기 바란다. 전혀 달라진 것이 없는 분?

또는 여전히 비슷한 분은 없는가?

더 좋아진 분은?

많은 분(전부는 아니지만)이 연습 후에 문제 상황에서 바라는 행동을 할 수 있다는 자신감을 얻었다고 말한다. 대부분 그렇지만 아이 역할을 한 분(또는 자신)에게 물어보기 바란다. 수정하려고 하는 그 습관은 얼마나 오래된 습관인가?

그렇다면 새로운 습관을 획득하는 데 얼마나 걸릴까?

새로운 습관을 몸에 익히려면 어떻게 하면 될까?

정답은 바로 연습이다!

변화는 아주 느린 것 같아도 계속 진행된다. 습관이 바뀌려면 시간이 필요하다. 연습을 할수록 더 큰 변화가 있을 것이다.

12 더 강해지기

연습: 안전지대

서로 짝을 지어 안전지대(Safe Place) 시각화를 연습한다. 한 사람이 마치면 역할을 바꾸어 시도한다.

치료자 역할을 한다면

뒤에 나오는 각본을 사용한다. 고딕체로 된 부분을 읽는다. 나머지 부분은 당신에게 대한 지시사항이며, 추가적인 설명이 필요할 때만 사용하면 된다. 답이 적절하면 다음 질문으로 넘어간다. 먼저 간단한 질문을 하고 반응을 기다리고 다음 질문으로 넘어가는 대화식으로 진행하면 된다.

아이 역할을 한다면

당신 스스로 아이라고 생각하고 실제로 아이 역할을 하라.

안전지대 각본

안전하고, 기분이 좋아지고, 이완되며, 나쁜 어떤 것도 떠오르지 않는 장소를 찾으면 돼. (지시사항: 오래전에 갔던 장소일 수 있고, 상상의 장소일 수 있고, 어릴 때 놀던 장소일 수 있다; 주변에 누군가가 있을 수 있고, 방이나 집일 수도 있다.)

- 찾았니?

____

- 어떤 장소지?

____

자, 그럼 그 장면을 머릿속에 떠올리고, 같이 있는 사람, 주변 경치, 느껴지는 감정에 집중해 보렴.

- 그 장면을 떠올리면 어떤 느낌이 드니?

____

- 네 몸의 어느 부위에 그 느낌이 들까?

____

- 그 장면에서 '나는 안전하다.' 또는 '나는 괜찮다.' 는 말이 사실이니?

____

- 아니면 (그 장면에 맞는) 더 좋은 말이 있을까?

____

다시 그 장면과 말, 느낌(느낌이 느껴지는 신체 부위)에 집중해 보렴. 그리고 몇 번 천천히 심호흡을 해 보자.

토 론

아이/치료자 역할을 해 본 경험에 대해 서로 대화해 보라.

아이 역할: ______________________________

____

치료자 역할:

제4부

정신적 외상 해결

13 노출에 대한 준비

연습: 기억 분할하기

혼자서 해야 한다면

연습할 수 있는 대상을 구해서 치료자 지침을 보고 따라 한다. 또는 기억 분할하기를 감당할 만한 환자에게 직접 실시해 보거나 그 개입이 필요한 사람에게 실시해도 된다.

아이 역할을 한다면

- 이것은 역할놀이가 아니다. 당신 자신이 실제 아이가 되어야 한다.
- 0~10점 척도에서 6점 이하인 기억(당신의 외상 기억 목록이나 다른 기억) 중에 오늘 선택하고 싶은 기억을 정한다.
- 각본은 보지 말라. 그것은 치료자를 위한 것이다.
- 당신이 잠시 멈추고 싶거나 말하고 싶지 않을 때 어떻게 해야 할지 알고 있어야 한다. 처음에 동의했더라도 나중에 달라질 수 있다. 자기 자신을 먼저 보호하라.

치료자 역할을 한다면

- 뒤에 제시한 '기억 분할하기' 기록지를 사용하라. 적힌 그대로 읽어야 한다.
- 사건에서 기억나는 장면들을 목록으로 만든다. 자세한 기억은 필요하지 않고, 사건의 중요한 장면이면 된다. 기록지의 빈칸에 각 장면을 기록한다. 여백이 부족하면 뒷면에 기록한다.
- 지금은 목록만 만들려는 것이다. 아이 역할을 하는 분에게 사건과 관련된 생각이나 느낌을 질문해서는 안 된다. 아이 역할을 하는 분에게 각 장면을 자세하게 설명하라고 하지 말라. 그냥 일어난 일을 묻고 기록하고 나서 일어난 일로 넘어가면 된다.
- 목록에 있는 장면들처럼 좋은 결말도 특정한 장면이 되도록 진행하라.
- 목록이 완성되면 각 항목에 대한 SUDS를 파악하라. 각 항목의 끝에 점수를 적는다.
- 연습 중에 표준적인 노출치료까지 진행해도 된다. 어느 경우라도 진정 활동으로 마무리 지어야 한다. '금고에 넣기' 를 시도하고(아래에 각본이 제시되어 있다), 아이 역할을 한 분에게 심호흡이나 안전지대 시각화가 추가로 필요한지 고려한다.

금고에 넣기

'금고에 넣기(the container)' 는 환자를 안정시킬 수 있는 방법 중 하나다. 이 방법은 (환자가 겉으로는 그렇게 보이지 않더라도) 정서적으로 혼란될 만한 기억을 표현한 후에 사용하면 가장 효과적이다. 금고에 넣기는 환자가 기억을 다시 정리해서 어떤 곳에 보관해 놓았다는 느낌을 가질 수 있게 하려는 방법이다. 아래 제시된 처럼 대화식으로 진행한다. 다음 질문으로 넘어가기 전에 이전 질문에 대해 답할 때까지 기다려야 한다. 환자에게 너무 많은 조언을 해서는 안 된다. 그보다 환자 스스로 떠오르는 이미지를 찾는 것이 더 좋다. 질문은 원하는 방향으로 진행할 수 있도록 신중하게 고안된 것이다.

■■■ 기억 분할하기 ■■■

지금부터 사건에 대해 조금만 대화해 보자. 일어난 일에 대한 목록을 만들 정도로만 생각하면 충분해. 그 사건에 대해 어떤 기억들이 있을까?

그 사건을 영화라고 생각할 때, 처음에 기억나는 장면은 무엇이니?

그다음 장면은 무엇이지?

그 사건이 끝나고 지나갔다고 느낀 때는 언제였니?

그때를 상징하는 장면이 있다면?

시간 순으로 기억나는 장면의 목록을 만든다. 좋은 결말이 있는 끝까지 완성한다.

사건 장면	SUDS

잘했어. 이제 사건 기억에 대한 목록을 다 만들었어. 지금부터는 내가 사건을 하나씩 말할 테니 네가 그 장면에 집중할 때 느껴지는 나쁜 느낌이 어느 정도인지 말해 주면 돼. 0~10점 중에서 각 항목에 해당되는 점수를 매겨 보자. 10점은 가장 기분이 나쁜 것이고 0점은 전혀 기분 나쁘지 않은 거야.

[첫 장면을] 떠올릴 때 지금 어떤 느낌이 드니?

그 장면에 대한 느낌은 1~10점 중에 몇 점 정도니?

(각 항목 옆에 현재의 SUDS를 적는다. 그리고 [전체 기억이나 선택한 항목에 대해] 노출한 후에 금고에 넣기/진정 활동으로 마무리 짓는다.)

■■■ 기억을 금고에 넣기 ■■■

네가 다시 꺼낼 때까지 어떤 종류의 금고에 그 기억을 보관해 놓고 싶니?

그 금고를 무엇으로 만들고 싶니?

얼마나 크길 원하니?

(안전하게 보관하려면) 무엇으로 잠그길 원하니?

그 금고를 어디에 두길 원하니?

지금부터 [그 금고]에 기억을 넣고 잠그는 장면을 상상해 보자. 그리고 모두 완료되면 알려 주렴.

잘되었니?

모든 기억을 금고에 넣은 것 같니?

문제 해결

금고에 넣기 방법은 효과가 없을 때도 있다. 당신이 "모든 기억을 금고에 넣은 것 같니?"라고 물었을 때 아이가 "아닌 것 같아요."라고 대답하면 효과가 없다는 뜻이다. 그럴 때 당신은 아이가 더 튼튼한 금고를 만들도록 도와주어야 한다. 예를 들어, "금고에 모든 기억을 넣기 어려운 이유는 무엇일까?"라고 질문을 한다. 그러면 아이는 금고가 너무 작다거나 약하다거나 안전할 것 같지 않다는 등의 답을 한다. 그러면 다시 "금고가 더 튼튼하려면 어떻게 하면 좋을까?"라고 질문한다. 당신의 할 일은 아이 스스로 이미지를 떠올리도록 돕는 것이다. 아이가 금고를 충분히 튼튼하게 만들면 그것을 시각화하도록 한다.

기억을 금고에 넣어 원하는 장소에 두고 나면 아이의 상태를 확인한다. "지금 기분은 어때?" 아직 충분히 이완되지 않았다면 심호흡이나 안전지대를 사용해서 진정시킨다. 그러고는 치료시간 후에 안정된 시간을 보낼 수 있도록 도움이 될 만한 짧은 설명이나 대화를 하고 끝낸다.

토론을 위한 질문

아이 역할과 치료자 역할을 해 본 경험을 서로 대화한다.

아이의 이야기에 개인적인 정서적 반응을 했던 치료자는 얼마나 되는가?

그럴 때 당신은 어떤 반응을 보였고 또 어떻게 해결했는가?

당신에게 더 필요한 것이 있다면 어떤 부분일까?

아이 역할을 한 분이 예상보다 더 높은 SUDS를 말한 항목은 몇 개나 되는가?

이 연습을 통해 당신이 아이를 이해하기 위해 배운 점이 있다면 무엇일까?

아이 역할을 한 분 중에 연습 전보다 기분이 더 나빠진 분은 손을 들어 보기 바란다. 연습 전과 같은 분은?

혹은 더 좋아진 분은?

14 노출치료 시도하기

연습: 노출 실습하기

아이 역할을 한다면

- 이것은 역할놀이가 아니다. 당신 자신이 실제 아이가 되어야 한다.
- 0~10점 척도 중에서 6점 이하에 속하고 지금 말해도 좋은 기억(당신의 외상 기억 목록이나 다른 기억 중에서)을 선택한다. 만약 기억 분할하기 연습을 했다면 그때 선택한 기억을 계속 사용해도 된다.
- 각본은 치료자용이니 보지 말라.
- 중단하고 싶거나 말하고 싶지 않은 부분이 있을 때 어떻게 하면 되는지 기억하라. 처음에 동의했더라도 중간에 달라질 수 있다. 당신 자신을 먼저 보호하기 바란다.

치료자 역할을 한다면

- 아이 역할을 하는 분이 사건을 말할 때 좋은 결말이 구체적인 장면이 되도록 도와주어야 한다.
- 다음에 제시된 노출 지시 사항 중 1~5번을 적힌 그대로 말해 준다.

- 당신의 역할은 최대한 줄이고, 아이 역할을 하는 분이 말하는 대로 가만히 둔다. 자세한 질문이나 현재형을 사용하라고 지시하거나 생각 또는 느낌을 물어서는 안 된다. 당신의 통찰이나 해석을 말해서도 안 된다. 단지 옆에 있어 주고, 아이 역할을 하는 분이 이야기를 하도록 가만히 두라.
- 이야기가 결국은 좋은 결말로 끝날 것임을 확신하라.
- 다시 한 번 1~3번 지시 사항을 적힌 그대로 읽어 주고, 아이 역할을 하는 분이 이야기를 다시 하도록 한다.
- 시간이 허락하고, 아이 역할을 하는 분이 견딜 수 있는 한 이런 과정을 여러 차례 반복한다.
- 노출 연습을 마무리할 때는 기억을 저장하는 '금고'를 사용한다. 그다음에 아이 역할을 하는 분이 원한다면 심호흡을 몇 번 하거나 안전지대 시각화를 해도 된다.

노출 지시 사항

1. 사건을 처음부터 끝까지 말한다.
2. 사건이 지금 현재 일어나고 있는 것처럼 현재형으로 말한다.
3. 사건의 내용을 말하고 관련된 생각과 느낌도 말한다.
4. 한 번씩 치료자가 궁금하거나 아이가 잘하고 있는지 확인하기 위해 질문을 한다.
5. 끝나면 같은 과정을 몇 번 반복한다. 이를 통해 아이는 더 강하게 될 것이다.

토론을 위한 질문

- 아이 역할을 한 분들이 소감과 경험을 말한다.
- SUDS가 처음보다 올라간 분은 몇 분인가?
- 치료 전보다 더 나빠졌다고 생각하는 분은? 똑같다고 생각하는 분은? 혹은 더 좋아졌다고 생각하는 분은?
- 치료자 역할을 한 분들도 서로 소감과 경험을 말한다.

- 추가적인 설명이나 개입을 자제하기 힘들었던 분은?
- 아이 역할을 한 분 중에 치료자가 세심하고 신중하게 대해 주었다고 느낀 분은?

치료자의 어떤 점 때문에 그런 느낌을 받았을까?

- 치료자 역할을 하면서 개인적인 정서적 반응을 느낀 분은?

그런 감정을 어떻게 조절했는가?

지금은 어떤 느낌이 드는가?

자신을 보호하기 위해 다른 도움이 필요하지는 않은가?

15 노출치료 중의 문제 해결

연습: 노출 실습하기

앞장의 "노출치료 시도하기"에 제시된 연습과 같다. 다만 당신은 전보다 노출에 대해서 더 많이 알고 있다.

아이 역할을 한다면

- 이것은 역할놀이가 아니다. 당신 자신이 실제 아이가 되어야 한다.
- 0~10점 척도 중에서 6점 이하에 속하고 지금 말해도 좋은 기억(당신의 외상 기억 목록이나 다른 기억 중에서)을 선택한다. 만약 기억 분할하기 연습을 했다면 그때 선택한 기억을 계속 사용해도 된다.
- 각본은 치료자용이니 보지 말라.
- 중단하고 싶거나 말하고 싶지 않은 부분이 있을 때 어떻게 하면 되는지 기억하라. 처음에 동의했더라도 중간에 달라질 수 있다. 당신 자신을 먼저 보호하기 바란다.

치료자 역할을 한다면

- 아이 역할을 하는 분이 사건을 말할 때 좋은 결말이 구체적인 장면이 되도록 도와주어야 한다.
- 다음에 제시된 지시 사항 중 1~5번을 적힌 그대로 말해 준다.
- 당신의 역할은 최대한 줄이고, 아이 역할을 하는 분이 말하는 대로 가만히 둔다. 자세한 질문이나 현재형을 사용하라고 지시하거나 생각 또는 느낌을 물어서는 안 된다. 당신의 통찰이나 해석을 말해서도 안 된다. 단지 옆에 있어 주고, 아이 역할을 하는 분이 이야기하도록 가만히 두라.
- 이야기가 결국은 좋은 결말로 끝날 것임을 확신하라.
- 한 번 더 1~3번 지시 사항을 적힌 그대로 읽어 주고, 아이 역할을 하는 분이 이야기를 한 번 더 하게 한다.
- 시간이 허락되고 아이 역할을 하는 분이 견딜 수 있는 한 여러 차례 이 과정을 반복한다.
- 노출 연습을 마무리할 때는 기억을 저장하는 '금고'를 사용한다. 그다음에 아이 역할을 하는 분이 원한다면 심호흡을 몇 번 하거나 안전지대 시각화를 해도 된다.

노출 지시 사항

1. 사건을 처음부터 끝까지 말한다.
2. 사건이 지금 현재 일어나고 있는 것처럼 현재형으로 말한다.
3. 사건의 내용을 말하고 관련된 생각과 느낌도 말한다.
4. 한 번씩 치료자가 궁금하거나 아이가 잘하고 있는지 확인하기 위해 질문을 한다.
5. 끝나면 같은 과정을 몇 번 반복한다. 이를 통해 아이는 더 강하게 될 것이다.

토론을 위한 질문

- 아이 역할을 한 분들이 소감과 경험을 말한다.
- SUDS가 처음보다 올라간 분은 몇 분인가?
- 치료 전보다 더 나빠졌다고 생각하는 분은? 똑같다고 생각하는 분은? 혹은 더 좋아졌다고 생각하는 분은?

- 치료자 역할을 한 분들도 서로 소감과 경험을 말한다.

- 추가적인 설명이나 개입을 자제하기 힘들었던 분은?
- 아이 역할을 한 분 중에 치료자가 세심하고 신중하게 대해 주었다고 느낀 분은? 치료자의 어떤 점 때문에 그런 느낌을 받았을까?

- 치료자 역할을 하면서 개인적인 정서적 반응을 느낀 분은? 그런 감정을 어떻게 조절했는가?

지금은 어떤 느낌이 드는가?

자신을 보호하기 위해 다른 도움이 필요하지는 않은가?

제5부

마지막까지 최선을 다하기

16. 문제 사례: 우화 모델을 적용하기

16 문제 사례: 우화 모델을 적용하기

정신적 외상 치료의 우화 모델

치료 단계	우화의 해당 부분
역량/자원들, 정신적 외상/상실 병력을 포함한 평가	나는 당신의 장점을 안다; 당신은 용을 죽일 수 있는 유일한 사람이다. 우리는 문제를 이해하기 위해서 용에 대해 알아야 한다.
동기유발 면담, 목표 설정	공주가 없다면 아무 소용이 없다.
정신적 외상근거 사례 요약과 정신건강 교육	성공할 수 있다는 희망을 가지도록 역량/자원들을 파악한다. 용을 고려하라. 그러면 문제들을 이해할 수 있다.
정신적 외상 관련 치료 계약	주변에 울타리를 쌓고, 더 강해져 용을 죽일 수 있도록 개인훈련을 권유한다.
안전성과 기타 필요한 요구에 대한 사례관리, 안전과 보호를 위한 부모교육	다시 공격받을 불안이 없도록 울타리를 쌓는다. 그렇게 할 때 과제에 집중할 수 있다.
정동조절뿐만 아니라 신체적 · 심리적 안전성을 위한 자기관리 기술 교육	기술과 장점을 증진할 수 있는 개인 교육훈련
정신적 외상 해결	용을 죽여라.
재발 방지와 손상 감소	용이 냄새를 맡지 못하도록 쓰레기장이 아닌 퇴비 곳간을 사용한다. 용이 침입하기 어렵도록 사과나무를 심는다. 용 사냥 경기를 위해 청소년들을 훈련시키고, 다른 용이 오더라도 싸울 준비를 갖춘다.

연습: 우화 모델 활용하기

아래 사례를 보고 아이가 어느 위치에 있는지, 어느 단계의 치료가 필요한지를 연습한다. 치료자가 아이를 위해 무엇을 해야 하는지 생각한다. 다음의 '정신적 외상 치료의 단계'를 참조해도 좋다. 기억할 점은 아이가 한 단계의 과제를 완성하지 못하면 다음 단계를 성공할 수 없다는 점이다. 간혹 여러 가지 이유로 몇 단계를 건너뛰거나 뒤로 후퇴해야 하는 아이도 있다. 이런 영역에서 정답이 있을 수 없지만, 사례 다음에 나오는 '참고 답안'을 보고 연습하면 된다. 자신의 생각을 먼저 정리한 후에 참고 답안을 보라.

117쪽의 점선대로 찢은 후 참고하라.

[사례 1] 10세 소녀는 두 번 외상 치료를 받았고 잘 진행되었다. 다음 치료에 왔을 때 초기 평가시간에 특별한 문제를 표현하지는 않았지만 화나고 퉁명스럽게 보였다. 치료자가 지금까지 치료에 협조해 주어서 고맙다고 격려하며 혹시 빠트린 일이 없느냐고 물었지만 없다고 했다. 치료자는 아이의 목표를 다시 상기시키고 치료를 하면 목표를 이룰 수 있다고 설명했다. 소녀는 "나는 더 원하지도 않고 또 하고 싶지도 않아요."라고 말했다.

현재는 치료의 어느 단계인가?

그 단계라면 치료자가 해야 할 일은 무엇인가?

[사례 2] 9세 소년은 학교에서 친구를 놀리고 때리는 공격적인 행동과 또래관계 문제로 치료 중이다. 첫 2회기 동안 관계를 형성하고 잘 진행된 듯했다. 3회 때 치료자가 자기조절 기술을 교육하려 했지만 비협조적이었고, 게임을 하고 나서 하겠다고 해 놓고선 게임을 마친 후에도 몇 분만 마지못해 집중했다. 치료자는 아이에게 "너를 위한 치료인데 너보다 왜 내가 더 신경을 써야 하니?"라고 불평했다.

정신적 외상 치료의 단계

1. 평가와 치료 계획

목표: 이해, 희망, 실천 약속

치료적 환경에서 안전성 수립: 규칙 설명하기, 선택권과 조절력 주기, 천천히 시작하기, 사건 얘기 제한하기

신중하고 조심스럽게 정신적 외상 병력 청취

정신적 외상과 영향에 대한 정신건강 교육 제공하기

정신적 외상 근거
사례 요약 제공하기

목표를 정하고, 동기 강화와 치료 집중을 위해 목표 활용하기

치료 계약에 동의하기

2. 안전성과 역량증진

목표: 안전성, 기술, 성공, 격려

안전성, 보호, 불필요한 스트레스/자극인자 최소화를 위한 사례관리

아이의 안전과 보호를 위한 부모교육

불안 증상을 조절하기 위한 자기관리 교육

자극인자/스트레스에 대처하고, 좋은 행동과 결과를 위한 자기조절 교육

능력, 역량, 정동 내성을 증가시키기 위한 점차적으로 더 힘든 과제 제공하기

3. 정신적 외상 해결

목표: 정신적 외상을 처리하기

처리할 정신적 외상 기억 순서 정하기

추가적인 안전성과 조절력

노출 전략 시도하기: 표준적인 이야기하기, 적기, 그림 그리기/책 만들기, 지시적인 놀이치료 등

노출, EMDR, 다른 정신적 외상 해결 치료법

금고에 넣기, 이완, 진정하기

재평가와 선택했던 기억에 대한 재노출

필요하다면 다른 기억에 대한 노출(또는 EMDR 등)

4. 성과 강화와 재발 방지

목표: 증상 해결, 미래의 문제에 대한 대비

남아 있는 증상을 해결하기 위한 기술교육, 민감성 소실, 실제 상황에의 노출과 인센티브 계획

남아 있는 문제를 파악하고 해결하기

예상되는 문제 파악과
대처 전략 개발/연습

현재는 치료의 어느 단계인가(또는 어느 치료 단계가 빠졌는가)?

그 단계라면 치료자가 해야 할 일은 무엇인가?

[사례 3] 17세 소년이 비행문제 때문에 법원명령으로 치료받고 있다. 초반 몇 회기 동안 협조적이고 긍정적인 장기 목표를 위해 열심히 노력하는 듯했다. 그러나 치료자가 치료 계획을 설명하자, "필요 없어요. 상담하지 않을래요."라며 거부했다. 목표를 상기시키자, 소년은 "나 혼자 할 수 있고, 이제 아무 문제도 없어요."라고 말했다.

현재는 치료의 어느 단계인가(또는 어느 치료 단계가 빠졌는가)?

그 단계라면 치료자가 해야 할 일은 무엇인가?

[사례 4] 할머니가 13세 손자의 치료를 요청했다. 할머니는 아이에게 낮은 에너지, 신경과민, 항진된 놀람 반응, 수면에 대한 공포 등과 같은 외상후 스트레스 증상들이 있다고 했다. 수면 중에 쥐에게 물린 일이 유발 사건이었다. 아이가 잠들 때까지 옆에 있어 주거나 쥐가 보이면 막대로 쫓아 버리곤 했지만, 어느 날 깜박 잠든 틈에 물렸다며 할머니는 죄책감을 호소했다. 몇 년 동안 쥐 문제를 해결해 달라고 요구했지만 건물 주인이나 시에서 아무 대책도 세우지 않았다고 했다. 그래서 아이에게 외상후 스트레스 증상이 발생했다.

현재는 치료의 어느 단계인가(또는 어느 치료 단계가 빠졌는가)?

정신적 외상 치료의 단계

1. 평가와 치료 계획

목표: 이해, 희망, 실천 약속

치료적 환경에서 안전성 수립: 규칙 설명하기, 선택권과 조절력 주기, 천천히 시작하기, 사건 얘기 제한하기

신중하고 조심스럽게 정신적 외상 병력 청취

정신적 외상과 영향에 대한 정신건강 교육 제공하기

정신적 외상 근거
사례 요약 제공하기

목표를 정하고, 동기 강화와 치료 집중을 위해 목표 활용하기

치료 계약에 동의하기

2. 안전성과 역량증진

목표: 안전성, 기술, 성공, 격려

안전성, 보호, 불필요한 스트레스/자극인자 최소화를 위한 사례관리

아이의 안전과 보호를 위한 부모교육

불안 증상을 조절하기 위한 자기관리 교육

자극인자/스트레스에 대처하고, 좋은 행동과 결과를 위한 자기조절 교육

능력, 역량, 정동 내성을 증가시키기 위한 점차적으로 더 힘든 과제 제공하기

3. 정신적 외상 해결

목표: 정신적 외상을 처리하기

처리할 정신적 외상 기억 순서 정하기

추가적인 안전성과 조절력

노출 전략 시도하기: 표준적인 이야기하기, 적기, 그림 그리기/책 만들기, 지시적인 놀이치료 등

노출, EMDR, 다른 정신적 외상 해결 치료법

금고에 넣기, 이완, 진정하기

재평가와 선택했던 기억에 대한 재노출

필요하다면 다른 기억에 대한 노출(또는 EMDR 등)

4. 성과 강화와 재발 방지

목표: 증상 해결, 미래의 문제에 대한 대비

남아 있는 증상을 해결하기 위한 기술교육, 민감성 소실, 실제 상황에의 노출과 인센티브 계획

남아 있는 문제를 파악하고 해결하기

예상되는 문제 파악과
대처 전략 개발/연습

그 단계라면 치료자가 해야 할 일은 무엇인가?

[사례 5] 15세 소녀가 학교에서 옷을 벗을 때 팔에 난 상처를 본 친구가 상담교사에게 보고했고, 그래서 상담교사가 그 소녀를 데리고 왔다. 교장선생님이 부모에게 알렸고, 치료자는 아이의 안전과 보호를 위해 어떤 조치가 필요하다고 생각했다.

현재는 치료의 어느 단계인가(또는 어느 치료 단계가 빠졌는가)?

그 단계라면 치료자가 해야 할 일은 무엇인가?

[사례 6] 14세 소녀는 지금까지 치료를 열심히 했고, 지난 시간에 가장 고통스러운 기억에 대한 외상 해결 치료를 했다. 기억 목록은 4개의 외상 사건이었고, SUDS는 모두 8점 이상이었으며, 지난 시간에 처리한 기억은 그중에서도 첫 번째 사건이었다. 다음 회기 때, 아이는 그 기억이 더 이상 고통스럽지 않다고 했다. 치료자가 목록의 다음 기억을 처리하자고 권유했으나, 아이는 이제는 기억이 힘들지 않고 SUDS도 0점이라고 했다. 그 기억에 집중시켜 확인했지만 고통은 없다고 했다(아이들은 생각하고 싶지 않을 때 0점이라고 하기도 한다). 목록의 다른 기억도 검토했지만 모두 괜찮다고 했다.

현재는 치료의 어느 단계인가(또는 어느 치료 단계가 빠졌는가)?

그 단계라면 치료자가 해야 할 일은 무엇인가?

참고 답안

사례 1

- 치료 단계: 오늘은 외상 치료 단계가 아닌 것은 분명하다. 사례 요약, 동기 요소, 치료 계약은 이미 완료된 것으로 보여서 문제는 다른 곳에 있는 것 같다. 아이는 목표에 더는 관심 없다고 말하지만, 치료자는 아이가 관심 있다는 것을 알고 있다. 어떻게 된 일일까? 아이가 안전을 위협받거나 보호받지 못한다고 느낀 어떤 일이 있었을 가능성이 있다. 이 단계는 안전성과 역량증진 단계인 것 같다.
- 개입법: 치료자는 아이의 마음을 불안하게 하는 일을 파악해서 처리하도록 도와주어야 한다.
- 다음 이야기: 며칠 전에 사소한 문제 행동으로 화가 난 어머니가 다시 그런 행동을 하면 수양 부모 집으로 보내겠다고 위협한 일이 있었다. 치료자는 어머니와 면담을 하였고, 어머니는 화나서 실수로 그랬던 것이지 실제로 그렇게 할 생각은 없다고 아이에게 설명했다. 아이는 '주변에 울타리' 를 보완하자 다시 안정감을 획득하였고, 다음 치료시간에 외상 해결 치료를 계속하였다.

사례 2

- 치료 단계: 아직 우화 모델의 첫 단계에 있다. 치료자는 역량증진을 준비 중이지만 시도할 수 있는 토대가 없는 것 같다. 치료자가 아이보다 더 열심히 하고 아이가 원하는 것 이상을 바라게 될 때는 대부분 공주가 분명하지 않은 것이 원인이다. 지금 아이의 유일한 목표는 게임을 하며 재밌게 보내는 것인 것 같다. 그래서는 안 된다. 아이가 치료와 관련된 목표, 즉 치료를 해야 할 어떤 의미 있는 이유가 없다면 치료 효과를 기대할 수 없다.
- 개입법: 평가 단계가 완료되었다면 치료자는 아이가 무엇이 좋아지기를 원하는지 확인해서 그 목표를 달성할 수 있는 치료 활동에 대한 치료 계약을 맺어야 한다. 그러나 이 사례의 치료자는 우화 모델을 전혀 따르지 않은 것 같다. 처음부터 다시 시작하는 것이 최선이며, 그렇지 않으면 계속 문제에 봉착하게 될 것이다.

사례 3

- 치료 단계: 사소한 듯하지만 중요한 것이 하나 빠졌다. 이 소년은 자신과 목표 사이에 놓여 있는 난관과 장애물은 전혀 고려하지 못하는 것 같다. 자신은 목표를 향해 잘 가고 있고 어떤 장애물도 없다고 생각하는데, 치료자가 왜 필요한가?

- 개입법: 치료자는 잠재적인 장애물을 강조해야만 한다. 8장에 기술된 두 가지 방법을 활용하면 된다. 첫째, 도박 은유와 "다른 사람들이 네가 그렇게 못한다는 데 돈을 건다면 이유가 무엇일까?"란 질문을 통해 역량과 장애물에 대한 목록을 작성한다. 그다음에 문제 행동 사이클을 작성하면 시각화를 통해 외상 병력이 취약성의 원인임을 이해하게 된다. 아이가 예상되는 장애물이 있다는 것에 동의하면 직면하게 될 문제를 극복하기 위해 치료의 필요성을 받아들이게 될 것이다.

사례 4

- 치료 단계: 다른 사례들과 좀 다른 측면이 있다. 평가 전 단계이며 평가 전에 긴급한 사항을 먼저 고려해야 할 사례다. 아이에게 수면에 대한 공포가 있고 비슷한 환경에 처한 사람이라면 누구라도 이런 증상이 나타날 수 있다는 것은 당연하다. '안전성 우선' 이 원칙이며, 다른 어떤 것보다 안전성 확보와 생활환경의 개선이 시급하다.
- 개입법: 첫째는 안전성이다. 치료자는 할머니를 주택 담당 공무원에게 소개해 주었고, 할머니가 몇 주에 걸쳐 더 안전한 거주지로 옮기는 절차를 밟는 동안 계속 연락을 유지했다. 새로운 집으로 옮긴 후에 평가를 위해 아이를 만났다. 새집으로 옮기자 아이의 증상은 완전히 소실되었다. 응급 상황과 재난 상황에서 흔히 볼 수 있는 사례다. 초보자는 사건을 표현하라거나 느낌을 묻기도 하지만, 진짜 필요한 것은 현실적인 부분이다. 위기에 처한 사람들은 앞으로 어떻게 되고, 사랑하는 사람이 어디에 있으며, 먹고 자고 지낼 곳이 어디인지가 주된 관심사가 된다. 안전과 생존이 일차적 문제다. 최선의 '정신건강' 개입법은 담요, 빵, 중요한 정보를 제공하는 것이다.

사례 5

- 치료 단계: 이런 상황에서 대부분의 치료자는 자살 위험성에 대한 평가를 하도록 교육받았을 것이다. 자살 사고, 자살 사고의 강도, 계획, 수단에 대해서 질문한다. 당신도 같은 의견이었다면 괜찮은 편이다. 대부분이 그렇기 때문이다. 그렇지만 나는 처음 만난 사람에게 이런 식의 질문을 하는 것은 너무 과도하지 않을까라는 생각을 한다. 총알은 그냥 지나치지 않는다. 반드시 상처를 남긴다. 지금 아이가 칼을 쥐고 있는 것도 아니다. 자살 가능성을 염두에 두고만 있어도 될 것 같다. 내 말의 요지는 지금은 첫 만남이고 평가 단계의 시작이라는 것이다. 다른 아이처럼 현재 어떤 문제가 있을 것이다. 첫 만남에서는 특정한 현재 문제를 파악하는 데 대부분의 시간을 투자하는 것이 바람직하다.

• 개입법: 먼저 치료와 규칙을 소개하고, 좋아하는 색깔 등을 묻는 것으로 시작한다. 치료자는 첫 면담을 1시간 30분 동안 진행했고, 가족, 발달력, 의학적 병력, 학교생활, 외상/상실, 가장 즐거웠던 시기 등을 파악했다. 시간이 지나면서 치료자가 편안하게 느껴지게 되자, 아이는 지난 주말에 남자친구의 헤어지자는 말에 화가 나서 칼로 팔에 상처를 냈다는 말을 했다. 낯선 성인 남성을 경솔하게 만나지 않겠다는 안전성 약속을 했고, 치료자는 그 말을 믿었다. 아이는 그 약속을 지켰고 치료를 계속해서 건강하게 되었다.

사례 6

• 치료 단계: 임상에서 이런 문제는 자주 발생하고 또 사실일 경우도 있다. 치료자의 예상보다 외상 해결이 빨리 완료된 것처럼 보인다. 어떻게 해서 이렇게 되었을까? 무슨 일이 있었던 것일까? 세 가지 가능성이 있는데, 모두 서로 관련되어 있다. 첫째, 목록에 있는 외상 기억은 흔히 '급소' 반응이기 때문에 최근의 사건 자체보다 초기 사건과 관련되었을 가능성이 크다. 그래서 초기 사건이 소화되고 더 이상 고통스럽지 않게 되면 이후 사건들에 대한 반응(남아 있는 '급소'와 관계없는 반응)은 사소해지고 의미도 없어진다. 둘째, 하나의 외상 기억을 완전히 처리하면 그 효과가 어느 정도 다른 외상 기억으로 전달되어 동시에 감소한다. 항상 그런 것은 아니지만 종종 경험할 수 있다. 이런 효과가 있다 하더라도 흔히 다른 외상 기억들도 처리해야 한다. 대개 첫 번째 기억을 처리했기 때문에 다음 과정은 훨씬 쉽다. 셋째, 아이의 생활환경이 바뀌어 최근 외상 기억이 더 이상 문제되지 않을 수 있다. 한 예로 14세 때 '투옥된' 사건의 SUDS가 10점인 청소년이 있었다. 그런데 치료를 할 단계가 되자 2점으로 떨어졌다. 그 이유를 묻자, 아이는 "요즘 이렇게 잘 지내는데 다시 투옥될 리가 있겠어요."라고 말했다.
• 개입법: 증상과 문제가 소실되었는지, 아니면 적극적으로 치료할 부분이 남아 있는지 확인하는 외상 해결의 재평가가 필요한 시점으로 생각된다. 내가 치료자라면 적어도 몇 주 동안은 치료하지 않았던 외상 기억에 대한 SUDS 점수를 재평가해 볼 것이다.

연습: 우화 모델을 이용한 사례 자문

당신 마음속에 현재 떠오르는 문제 사례를 하나 생각해 보자. 반드시 '외상 사례'가 아니어도 좋다. 혼자라면 뒤의 '사례 자문 기록지'를 복사해서 각 부분을 기록한다. 집단이라면 한 분이 생각한 사례를 말하고, 다른 분들은 기록지를 기록하고 자문 치료자 역할을 한다.

순서대로 기록하는 것이 원칙이며, 질문이나 조언을 해서는 안 된다. 당신 자신의 사례에 우화 모델을 연습하는 것이 목표 중 하나다. 우화 모델에 충실한다면 훌륭한 자문을 제공할 수 있을까? 당신의 궁금증에 대한 답을 모두 얻게 될까? 당신의 조언은 모두 우화 모델에 근거한 것인가?

또 다른 목표는 당신이 가진 치료에 대한 기존의 시각에 우화 모델을 통합시켜 체계적인 방식으로 모델의 사용을 연습하는 것이다. 떠오르는 질문이나 의견에 신경 쓰면 새로운 방법을 시도할 수 없고, 그러면 새로운 방법을 배울 수 없게 된다. 순서대로 진행한다면 지금 바로 우화 모델을 사용하게 되는 것이다. 끊임없는 연습을 하다 보면 당신의 질문과 의견에 대한 답을 얻게 될 것이다. 질문이 생각나면 메모해 놓고 답을 얻을 때까지 간직하기 바란다.

토론을 위한 질문

사례 발표자에게

사례 발표가 당신에게 도움이 되었나?

___

존중받고 지지받는다는 느낌이 들었나?

___

자문이 사례를 이해하는 데 도움이 되었나?

___

자문을 통해 뭘 해야 할지 아이디어를 얻었나? 우화 모델이 사례에 적합했나?

___

지도감독자 역할을 한 분(들)에게

자문 경험이 당신에게 도움이 되었나?

___

궁금한 모든 질문을 했나? 당신의 의견을 모두 전달했나?

___

기록지에 당신의 질문과 의견에 해당하는 부분이 있었나?

___

■■■ 사례 자문 기록지 ■■■

요 약

1. 사례 발표자가 요약한다(약 2분 정도):
   아이 연령

   성별

   가족 상황/상태

   학교/직업

   생활환경/상황

   현재의 주된 문제/증상들: 약간 자세하게

   치료력: 지금까지 치료를 몇 회?

   각 치료시간에 어떤 치료를 했는가?

2. 지도감독자는 자세한 질문을 통해 순서대로 사례 요약을 완성한다.

옛날 옛적에-역량/자원들:

그리고 용이 나타났다-외상/상실 병력:

부정적인 믿음들:

축적된 감정들:

자극인자 있을 때(주제와 예):

자극인자가 급소를 건드리면 부정적인 믿음과 축적된 감정들이 자극되어 견딜 수 없을 정도로 커진다. 아이는 그런 믿음과 감정을 제거하기 위해 어떤 해결책을 사용한다.
아이가 사용하는 해결책:

3. 지도감독자는 순서대로 각 단계에서 무엇을 완료했는지 질문한다. 순서대로 조언이 있으면 기록한다.

■■■ 사례 자문 기록지 (연습) ■■■

요 약

1. 사례 발표자가 요약한다(약 2분 정도):

   아이 연령

   성별

   가족 상황/상태

   학교/직업

   생활환경/상황

   현재의 주된 문제/증상들: 약간 자세하게

   치료력: 지금까지 치료를 몇 회?

   각 치료시간에 어떤 치료를 했는가?

2. 지도감독자는 자세한 질문을 통해 순서대로 사례 요약을 완성한다.

옛날 옛적에–역량/자원들:

그리고 용이 나타났다–외상/상실 병력:

부정적인 믿음들:

축적된 감정들:

자극인자 있을 때(주제와 예):

자극인자가 급소를 건드리면 부정적인 믿음과 축적된 감정들이 자극되어 견딜 수 없을 정도로 커진다. 아이는 그런 믿음과 감정을 제거하기 위해 어떤 해결책을 사용한다.
아이가 사용하는 해결책:

3. 지도감독자는 순서대로 각 단계에서 무엇을 완료했는지 질문한다. 순서대로 조언이 있으면 기록한다.

■■■ 정신적 외상근거 치료: 개입법 순서 ■■■

<u>우화 모델 치료 단계</u>

평가
- 치료 준비: 치료의 목적, 치료 활동들
- 규칙/기대/동의
- 관계 형성/신뢰 수립

<u>옛날 옛적에…</u>
- 역량/자원들, 내부와 외적인 요소(기사와 왕국)
- 병전 기능 정도와 문제 병력

<u>용</u>
- 정신적 외상/상실 병력(그 후 심호흡 그리고 안전지대 등)

<u>공주</u>
- 동기유발 면담/목표 설정
  - 장기 목표들(특히 청소년); 단기 목표도 함께
  - 현재에서 목표로 가는 실제적인 단계들
  - 나쁜 결말이라면 어떻게 되어 있을까?
  - 목표를 뒷받침하는 역량/자원
  - 좋은 결말을 방해하는 장애물들
- 정신적 외상근거 사례 요약과 정신건강 교육

기억하시오: 사례 요약 + 공주 = 치료 계약

- 정신적 외상 관련 치료계약:
  - 주변의 울타리, 개인 코치 교육, 용 죽이기
  - 안전성과 보호를 강화하기, 고위험/자극인자 상황 피하기, 안정화, 자기조절 기술, 정신적 외상 해결

안전성, 안정화

<u>주변의 울타리</u>
- 안전한 거주지, 적절한 의료 제공, 적합한 교육시설 등과 같은 사례관리
- 가정에서 일과의 규칙성, 지속적/지지적 훈육 등과 같은 부모교육
- 위험한 상황 피하기/예방하기
- 따돌림과 괴롭힘을 해결/제한하기
- 가능하다면 자극인자/급소 상황을 포함한 '고위험' 상황 피하기

기술 수립, 역량증진

<u>개인 코치 교육</u>

- 자기 안정/진정을 위한 안전지대, 심호흡 등
- 불안을 위한 자기조절 교육
- 공포를 극복하기 위한 실제 상황에의 노출
- 행동조절을 위한 선택이 결과를 낳는다('문제 도식화' 와 함께).
- 습관 향상을 위한 인센티브 체계

정신적 외상 해결

<u>용을 죽이기</u>

- 노출 소개하기(또는 EMDR, CPT, 다른 정신적 외상 해결 활동)
- 목표 기억들 순서 정하기(작은 고통부터 시작!)
- 기억 조각내기(필요하다면)
- 노출하기(또는 다른 방법)

치료 회기 끝에

- 불안전하게 처리된 기억을 금고에 넣기
- 간략한 소감, 진정 활동, 안정을 찾을 수 있는 도움

다음 치료 회기 때

- 같은 기억으로 처리를 계속한다.
- 그 기억이 완료되면 다음 기억으로 넘어간다; 모든 기억이 처리될 때까지 계속한다.

성과의 강화

<u>공주와 결혼하기</u>

- 급소가 더 작아졌을 때 사례관리와 자기조절 연습을 다시 한다. 일상생활 기능이 좋아질 수 있을 때까지 호전시킨다.

재발 방지와 손상 감소

<u>퇴비; 사과나무 심기; 용 투사 훈련하기</u>

- 예상되는 미래의 문제를 대상으로 사례관리와 자기조절 연습을 다시 한다. 특히:
  - 고위험 상황 피하기/예방하기
  - 문제 상황에 대한 대처방법 준비시키기
  - 나쁜 일이 일어날 경우, 신호를 자각해서 악화되기 전에 스스로 조절하는 방법

제6부

24/7-일상생활에서 아이 도와주기

17 안전한 환경 만들기

연습: 당신의 가정과 시설은 얼마나 안전한가

상처받은 아이들이 있는 가정이나 시설을 생각하면서 다음 질문에 답하기 바란다.

- 아이들의 안전과 안정감을 위해서는 어떤 규칙과 환경이 있는가?

___

- 아이들에게 안전하지 않고 불안한 느낌을 줄 수 있는 규칙과 환경에는 어떤 것이 있는가?

___

- 안전성을 증가시킬 수 있는 방법은 무엇인가?

___

연습: 환경을 더욱 안전하게 하기

- 아래 사례를 읽고 뒤에 제시된 '행동의미 평가표'를 완성하라.

• 아이의 안전감을 위협하는 주요 문제를 파악하라.
• 환경에서 안전과 안전감을 강화시킬 수 있는 방법을 찾아라.
• 그 방법으로 역할놀이를 하라. 모두 참여하라.

[사례] 제시와 미샤

11세인 제시와 7세인 미샤는 자매다. 아버지는 가출하고 어머니는 방임을 해서 현재 수양부모 집에 살고 있다. 아이들을 어머니에게 몇 차례 돌려 보냈고, 어머니는 아이를 돌보고 싶어 했지만 약물중독 때문에 돌보기 어려운 상태였다. 판사는 어머니에게 아이들을 다시 보내면서 마지막 기회라고 판결했다. 마지막 기회는 5개월로 끝났고, 현재 부모 권리를 박탈하는 법률 절차가 진행 중이다. 아이들은 현재 3년간 지냈던 수양부모 집에 있고, 수양부모는 아이들을 입양하려는 절차를 밟고 있다. 수양부모와 아이들의 관계는 좋은 편이었다. 그러나 아이들은 친어머니에 대해 불안한 상태였고, 수양부모는 아이들과 친어머니 사이에 있었던 일에 대해서는 모르는 상태였다.

수양부모는 친절하고 개방적인 분들이었다. 가정에 음식도 풍부했고, 수양부모와 아는 분들이 자주 들러 함께 식사를 하곤 했다. 수양부모는 애정이 많고 허용적인 분으로 아이들이 원하는 대로 먹도록 두었다. 아이들은 채소는 좋아하지 않았고 TV를 보면서 간식을 먹기도 했다. 자러 가는 시간이나 방법도 자유로워서 침실이나 거실에서 자도 되었다. 아이들은 각자 방이 따로 있었는데, 다른 곳은 어지럽혀서는 안 되지만 자기 방은 마음대로 사용할 수 있었다.

아이들은 친어머니가 다시 나타나지 않을까 불안하긴 했지만, 현재 집과 가정에 사는 것을 좋아하고 행복해했다. 그렇게 살게 된 지 1주일이 지나자, 학교에서 생활도 잘하고 공부도 열심히 했다. 그러나 집에서의 행동은 학교에서와 달랐다. 대체로 잘 지내기도 했지만, 서로 자주 다투고 물건을 던지거나 부수고 30분 이상 집 밖에 나갔다 오기도 했다.

연습: 수양부모 또는 아이를 담당하는 사회복지사/사례관리자 중 원하는 역할을 하라.

행동의미 평가표

1. 정신적 외상/상실 사건(모든 사건들):

2. 부정적 믿음들(부정적 자기 진술들)

3. 축적된 감정들:

4. 자극상황(과잉반응을 유발하는 것):

주제:

예:

5. 문제 행동(들):

토론을 위한 질문

- 당신의 해결책은 무엇인가?

- 역할놀이에서 역할을 하면서 느낀 점은?

- 이 연습을 통해 무엇을 배웠는가?

[사례] 리 사

리사는 현재 여학생만 있는 보호시설에 살고 있는 16세 소녀다. 양아버지의 성폭력이 수년간 있었고, 13세 때 학교 상담교사가 그 사실을 알고 분리하게 되었다. 리사는 무단결석, 흡연, 마리화나, 음주, 거짓말, 도둑질, 싸움, 가출, 다수의 청소년/성인 남자와의 사귐(그리고 성관계) 등의 심각한 행동 문제가 있었다. 18세까지 이 시설에 있어야 한다는 점은 지속적으로 도움을 받을 수 있는 좋은 기회였다.

리사는 시설에 있는 다른 여학생과 직원들을 힘들게 했다. 예를 들어, 어떤 여학생이 다른 친구에 대해 나쁜 말을 하더라는 소문을 퍼트리곤 했다. 리사는 한 직원과 특히 가까웠고, 그 직원도 그렇게 생각했다. 그 직원은 리사와 친하기 때문에 자신이 리사를 도와줄 수 있을 거라 생각했다. 그래서 리사가 규칙을 어겨도 약속된 처벌을 하는 대신에 대화를 나누었다.

연습: 그 직원 역할을 하라.

행동의미 평가표

1. 정신적 외상/상실 사건(모든 사건들):

2. 부정적 믿음들(부정적 자기 진술들)

3. 축적된 감정들:

4. 자극상황(과잉반응을 유발하는 것):

주제:

예:

5. 문제 행동(들):

토론을 위한 질문

• 당신의 해결책은 무엇인가?

• 역할놀이에서 역할을 하면서 느낀 점은?

• 이 연습을 통해 무엇을 배웠는가?

18 훈육은 사랑이다

연습: 당신이 해결할 수 없었을 때

1부: 당신 자신을 대상으로 연습하기

- 규칙대로 훈육하지 않았던 최근 일을 생각한다.
- 자신에게 솔직하라. 왜 그렇게 했을까?

흔한 이유는 다음과 같다.

- 어떻게 도와주어야 할지 몰랐다.
- 너무 피곤하고 의욕이 없었다.
- 너무 화나고 실망스러웠다.
- 아이가 이미 충분한 고통을 받았기 때문에 더 이상 힘들게 하고 싶지 않았다.
- 한 번 더 기회를 주고 싶었다.
- 그 아이는 벌을 받아 마땅하다(그 아이는 골칫덩이여서 벌을 받아도 싸다).

- 다른 이유는?

• 그 상황에서 당신이 어떤 행동을 했고, 왜 그렇게 했는지 기록한다.

2부: 다른 사람을 대상으로 연습하기(소그룹이 이상적이다)

• 소그룹에서 그 상황, 당신이 취한 행동, 이유를 발표한다.
• 구성원들은 발표자를 존중해 주라! 발표자는 관심이 필요하고 노력하고 있다.
• 구성원들은 우화 모델에 근거해서 발표자가 그 상황에서 아이의 욕구를 이해하도록 도와준다. 아래의 평가표를 참조한다.
• 발표자가 더 좋은 전략을 제안하고, 구성원들은 그에 대해 의견을 표한다.

평가표: 문제 상황에서 아이에게 필요한 것

다음은 당신이 약속을 지키지 못하고 규칙을 강요하기 어려운 흔한 이유들이다. 각 이유에는 그 상황을 해결할 수 있는 아이디어가 제시되어 있다.

• 어떻게 도와주어야 할지 몰랐다.
  - 이 책에 나온 방법을 시도하라: 안전성 목표, 긍정적인 부분에 초점 두기, 타임아웃, 자연스러운 결과
• 너무 피곤하고 의욕이 없었다.
  - 슬롯머신을 기억하라. 아이에게 잭팟을 경험하게 하고 싶은가? 그렇게 되면 중단시키기가 너무 어렵다. 아무리 피곤해도 지금 열심히 하는 것이 중요하다. 멀리 보면 에너지를 적게 사용하는 것이다.
• 너무 화나고 실망스러웠다.
  - 아이의 행동은 상처받아서/무서워서 도움을 요청하는 것이다. 당신 마음에 상처를 주고

화나게 하려는 것이 아니다. 단지 아이가 도움을 요청하는 다른 방법을 모르기 때문이다.

– 화나기 전에 왜 미리 도와주지 않았는가?

____

– 생각했던 대로 아이를 도와주려는 마음을 방해하는 요소가 있는 것은 아닌가?

____

당신 자신의 급소가 자극된 것은 아닌가?

____

- 아이가 이미 충분한 고통을 받았기 때문에 더 이상 힘들게 하고 싶지 않았다.
  – 규칙을 준수하는 것이 아이를 더 안정시킨다. 그럴 때 아이는 무엇을 해야 할지 알고, 당신에게 의지하게 될 것이다.
  – 규칙 준수와 가혹하게 대하는 것은 다르다.
- 한 번 더 기회를 주고 싶었다.
  – 아이에게 이미 '한 번 더 기회'를 얼마나 많이 주었는가?

____

그때 효과가 있었나?

____

그런 방법이 문제 행동을 중단시켰는가?

____

– 규칙을 준수하지 않는다면 아이에게 당신을 믿고 의지하지 말라고 교육하는 것과 같다.

– 규칙을 준수하지 않는다면 아이는 위반해도 이득이 있다는 것을 학습한다. 나쁜 행동은 즉각적인 위안이나 만족을 주고, 처벌이 따르지 않는다. 그리하여 나쁜 행동이 강화될 뿐이다. 당신이 바라는 것은 이런 것인가?

____

- 그 아이는 벌을 받아 마땅하다(그 아이는 골칫덩이여서 벌을 받아도 싸다).
  – 아이에 대한 '행동의미 평가표'를 완성했는가?

____

당신이 문제 행동의 의미를 이해한다면 과거와 같은 시각으로 아이를 보지 않게 될 것이다.
– 아이 때문에 화가 폭발한 것 같다. 당신의 급소가 자극된 것일까?

어떻게 생각하는가?

토론

발표자와 구성원 모두 서로 경험을 나눈다.

19 성공을 위해 인센티브 사용하기

연습: 일대일 행동계약 하기

3명을 한 집단으로 해서 각각 아이, 카운슬러, 코치 역할을 맡는다.

1부

아이 역할을 맡는 분은 다음 사례에 나오는 아이 역할을 맡는다. 카운슬러 역할을 해서는 안 되며, 치료자에게 협조해 주기 바란다.

카운슬러 역할을 맡는 분은 뒤의 각본을 읽어 준 후 질문을 하고, 아이에게 대답할 시간을 준다. 각본에서 [ ] 속 문장은 읽지 말고, 카운슬러가 해야 할 행동을 지시하는 것이니 따라 하면 된다.

코치 역할을 맡는 분은 진행 과정을 관찰하고, 필요할 때 카운슬러가 제 역할을 하도록 도와준다.

[사례] 프랭키

프랭키는 학교의 특별반에 있는 11세 소년/소녀(아이 역할을 맡는 사람과 같은 성별로)다. 이 반에는 12명의 아이가 있으며, 모두 심각한 행동문제를 가지고 있다. 프랭키는 친구를 놀리고 수업태도가 나빠 특별반으로 보내졌다. 치료자는 당신에게 프랭키는 원래 반으로 돌아가고 싶어 특별반에서 생활을 잘하기를 원한다고 말했다. 또한 프랭키는 친구들과 잘 지내고 더 많은 친구를 사귀고 싶어 한다. 당신이 수업시간을 관찰했을 때, 프랭키는 열심히 수업을 듣는 것 같았으나 곧 지루해하고 멍하게 있거나 딴짓을 했다. 그리고 프랭키를 빼고 다른 친구들이 자기들끼리 얘기하면 친구들을 괴롭혔다(욕하고 인상을 쓰면서).

계약 수립을 위한 아이와의 대화 각본

카운슬러: [워밍업] 프랭키, 이 교실로 온 지도 한 달이 넘었어. 이곳에서 어떻게 지내고 뭘 해야 하는지 네가 잘 알고, 열심히 노력하고 있다는 것을 나도 잘 알고 있단다. 너는 원래 반으로 돌아가고 싶어 특별반에서 생활을 잘하고 싶다고 했고, 친구를 많이 사귀고 친구들과 사이좋게 지내고 싶다고 했지?

[아이에게 계약 질문하기]

어떤 행동을 잘하면 보상을 얻는 행동 차트를 사용하는 친구들을 봤을 거야. 특정한 행동을 위해 진심으로 열심히 노력하고 더 잘하려는 친구들만 차트를 사용할 수 있어. 너도 진짜 열심히 해 볼 생각이라면 학교생활을 잘해서 보상을 받고 싶은 생각은 없니?

[첫 번째 문제 행동과 긍정적인 대안 확인하기]

좋아, 이제 네가 좋아지길 원하는 행동이 무엇인지 한번 생각해 보자. 그다음에 네가 원하는 보상에 대해서 알아볼 거야. 공부에 대해서 먼저 생각해 볼까? 내가 보니, 너는 주어진 과제를 하다가 간혹 지루해하고 멍하게 있더니 딴짓을 하곤 하더구나. 내 생각에는 네가 그것을 어떻게 풀어야 할지 몰라서 그런 것 같았어. 그러다 보니 결국 과제를 다 마치지 못하더구나. 과제를 어떻게 해결할지 몰라 가슴이 답답할 때, 과제를 잘 처리하려면 너는 어떻게 하면 된다고 생각하니? [좋은 답변이 나오면 받아들이고 다음으로 넘어간다. 그러나 아이가 적절한 답을 못 찾으면 "또 다른 생각은 없니?" 라고 묻고, 그래도 적절한 답이 없으면 "비슷한 상황에서 다른 아이들이 말한 의견을 말해 줄게. 너에게 가장 적합한 것을 찾아볼래?" 라고 도와준다. 두세 개 정도의 의견을 말하고 선택하게 한다.]

[두 번째 문제 행동과 긍정적인 대안 확인하기]

너는 다른 친구들과 잘 지내고 싶다고 말하면서도 한 번씩 친구들과 다투기도 하더구나. 욕을 하거나 인상을 쓰고 말이야. 네가 그렇게 하면 친구들이 너와 친하게 지내고 싶을 것 같니, 아니면 친하게 지내고 싶지 않을 것 같니?

내 생각도 그래. 그런데 다른 친구들끼리 얘기하거나 뭔가를 할 때 너와는 아무 관계없는 일인데도 네가 그렇게 하더구나. 내 생각에는 너도 친구들과 같이 놀고 싶어서 그런 것 같아. 친구들끼리 말하고 뭔가를 할 때 네가 욕하거나 인상을 쓰면 친구들이 너와 친해지고 싶은 마음이 더 생길까? [좋은 답변이 나오면 받아들이고 다음으로 넘어간다. 그러나 아이가 적절한 답을 못 찾으면 "또 다른 생각은 없니?" 라고 묻고, 그래도 적절한 답이 없으면 "비슷한 상황에서 다른 아이들이 말한 의견을 말해 줄게. 너에게 가장 적합한 것을 찾아볼래?" 라고 도와준다. 두세 개 정도 의견을 말하고 선택하게 한다.]

[상징 만들기]

너는 원래 반으로 되돌아가고 친구들과도 사이좋게 지내기 위해서 [긍정적 행동을 말하며] 행동하겠다고 했어. 네가 원하는 식으로 행동하는 사람은 어떤 사람일까? [아이가 좋은 상징을 생각해 낸다면 좋겠지만, 대개는 그렇게 간단한 일이 아니다. 당신이 몇 번 정도 직업(예, 교사, 경찰, 유명한 운동선수), 스타 등과 같은 다양한 역할 모델을 제시해야 할 때가 종종 있을 것이다.]

옛날 나쁜 버릇이 나오면 너는 수업시간 중에 딴짓을 하고, 친구들에게 욕하고 인상 쓴다고 했지. 네가 그런 행동을 하면 수업에 집중하지 못하고 친구들도 너를 싫어하게 될 거야. 그런 식으로 행동할 것 같은 사람이나 물건이 있다면 말해 볼래? [아이가 상징을 생각해 낸다면 좋겠지만, 대개는 그렇게 간단한 일이 아니다. 당신이 몇 번 정도 부정적인 상징(예, 아기, 범죄자, 나무토막 등)을 제시해야 할 때가 종종 있을 것이다.]

[인센티브 목록 만들기]

잘했어. 이제 네가 보상으로 받고 싶은 것을 생각해 볼 시간이야. 네가 원하는 모든 것을 줄 수 없을지도 모르니, 그게 가능한지 아닌지 서로 상의해 보도록 하자. 자, 그럼 네가 원하는 것이 무엇인지 편하게 생각해 보렴. 굉장히 큰 것도 되고 아주 작은 것도 괜찮아. 어떤 것을 받고 싶니? [이것은 브레인스토밍이다. 판단이나 비난을 하지 않고 떠오르는 모든 것을 적는다. 하루 이틀 만에 얻을 수 있는 것은 작은 것 칸에 적고, 일주일이나 2주일 후에 얻을 수 있는 것은 중간 것 칸에 적고, 한두 달 후에나 얻을 수 있는 것은 큰 것 칸에 적는다. 필요하면 음식, 특권, 활동, 장난감 등과 같은 다양한 인센티브가 있다고 설명해서 아이의 생각을 격려한다. 칸마다 최소한 5개를 생각해 낼 때까지 계속한다. 더 많은 것은 괜찮다.]

작은 것	중간 것	큰 것

[항목 순서 정하기]

잘했어. 이렇게 많구나! 크기가 다른 세 종류의 보상을 만들었어. 칸마다 네가 첫 번째로 원하는 것, 두 번째로 원하는 것이 무엇인지 생각해 볼래? 먼저 작은 것 칸을 보자. 첫 번째로 원하는 것이 무엇이니? 어떤 것을 제일 원하지? 정하고 나면 그다음으로 원하는 것을 생각해 보자. 그리고 세 번째로 원하는 것은? [첫 번째 원하는 항목 옆에 1, 두 번째는 2로 숫자를 기록한다. 작은 것 칸을 채운 후 다음 칸으로 넘어간다. 다 마치면 모든 항목마다 점수를 기록해야 한다.]

[칭찬하기]

잘했어. 오늘 할 일은 다했어. 계약서와 같이 이 서류를 보관해 놓을 테니 내일부터 보상을 위해 노력해 보자. 네가 보상을 전부 기억하기는 어렵겠지? 그래서 내가 목록을 정리해서 내일 보여 줄게. 그리고 마치기 전에 이번 시간에 대한 소감을 말해 볼까? 어려운 점이 있었다면 무엇이었니?

토 론

당신의 경험을 서로 공유하기 바란다. 아이 역할을 한 분이 먼저 말하고, 코치 역할을 한 분이 그다음 의견을 말하고, 카운슬러 역할을 한 분도 질문을 하거나 의견을 제시하면 된다.

2부

인센티브 목록을 완성했으니, 이제 한 팀으로 2부를 진행한다. 1부의 사례를 기초로 계약서를 작성한다. 뒤에 나오는 '계약서 양식' 을 처음부터 끝까지 완성한다.

토론을 위한 질문

1. 각 역할을 맡은 소감은 어떠한가?

일대일 행동계약 예시

나, 조한나 드 브리스는 교사처럼 행동하고 싶습니다.
내가 교사처럼 행동한다는 것은 수업을 잘 듣고 다른 사람들을 존중한다는 것을 말합니다.
그렇게 되면 나는 성적이 오르고 친구들을 더 많이 사귀게 될 겁니다.
그렇지만 간혹 나는 쥐처럼 행동합니다.
그렇게 되면 나는 맡은 일을 하지 않고 주변을 시끄럽게 하고, 다른 사람에게 욕하고 문제를 일으킵니다.
교사처럼 잘 행동할 수 있는 사람이 되기 위해, 나는 다음 계약에 동의합니다.

매일 6교시 수업에서 나는 1교시 동안 수업을 잘 들으면 1점을 얻고 다른 사람을 존중해도 1점을 얻습니다.
하루에 11점을 얻으면 2점을 보너스로 얻습니다. 하루에 12점을 얻으면 5점을 보너스로 얻습니다.

10점을 따면 나는 학교를 마칠 때 작은 보상을 받습니다.
작은 보상이란 쿠키나 과일 조각을 말합니다.
작은 보상 6개를 받으면 중간 보상을 받는데, 중간 보상이란 배스킨라빈스에서 파는 민트 초콜릿칩입니다.
중간 보상 6개를 받으면 큰 보상을 받는데, 큰 보상이란 K-마트에서 여름용 옷을 사는 것입니다.

<u>교사</u>
수업을 잘 듣는다.
다른 사람들을 존중한다.

<u>쥐</u>
수업시간에 시끄럽게 한다.
다른 사람에게 욕한다.

서명:

조한나 드 브리스 ____________________

(아버지) ____________________

(어머니) ____________________

(교사) ____________________

(보조자) ____________________

(치료자) ____________________

계약서 양식

나 ______________는 __________________처럼 행동하고 싶습니다.
(아이의 이름) (긍정적인 상징)

______________처럼 행동한다면, 나는 ____________________ 그리고
(긍정적인 상징) (긍정적인 행동)

____ .
(긍정적인 행동들)

그렇게 하면 ____ .
(내가 그런 행동을 할 때 일어날 수 있는 좋은 일들)

그렇지만 때때로 나는 ______________________________처럼 행동합니다.
(부정적인 상징)

그렇게 하면 나는 ____ .
(부정적인 행동들)

좋은 행동을 하는 ____________ 같은 사람이 되도록 도움을 받기 위해 나는 다음 계약에 동의합니다.
(긍정적인 상징)

내가 다음과 같은 행동을 하면 계약에 따라 점수를 받을 수 있습니다:
(시간, 장소, 정해진 행동들, 받을 수 있는 최대 점수)

내가 다음과 같은 행동을 하면 계약에 따라 보상을 받을 수 있습니다:
(몇 점을 따면 작은 보상을 받는지, 작은 보상 몇 개가 중간 보상에 해당되는지, 중간 보상 몇 개가 큰 보상에 해당되는지)

____________	____________
(긍정적인 상징)	(부정적인 상징)
____________	____________
(긍정적인 행동 #1)	(부정적인 행동 #1)
____________	____________
(긍정적인 행동 #2)	(부정적인 행동 #2)
____________	____________
(긍정적인 행동 #3)	(부정적인 행동 #3)

서명(아이가 먼저 한 후, 모든 사람이 다 서명할 것)

____

계약서 양식

나 ____________________는 ____________________처럼 행동하고 싶습니다.

____________________처럼 행동한다면, 나는 ________________________________ 그리고

____.

그렇게 하면 ____.

그렇지만 때때로 나는 ____________________________처럼 행동합니다.

그렇게 하면 나는 ____.

좋은 행동을 하는 ____________ 같은 사람이 되도록 도움을 받기 위해 나는 다음 계약에 동의합니다.

내가 다음과 같은 행동을 하면 계약에 따라 점수를 받을 수 있습니다:

내가 다음과 같은 행동을 하면 계약에 따라 보상을 받을 수 있습니다:

______________________________ ______________________________

______________________________ ______________________________

______________________________ ______________________________

______________________________ ______________________________

서명

____

20 마법의 언어: 인지적 개입

연습: 마법의 언어 찾기

혼자라면 사례를 읽고 당신의 의견을 적으면 된다. 그러나 집단을 4명으로 구성할 수 있다면 가장 이상적이다. 사례마다 한 사람씩 아이 역할을, 그리고 나머지 분들은 성인 역할을 맡는다. 사례가 네 개여서 한 사람씩 돌아가게 된다.

성인 역할을 하는 분은 아이에게 직접 말해도 되지만, 그 외에는 연습 중에 서로 대화를 해서는 안 된다.

아이 역할을 하는 분은 성인의 의견에 대답해서는 안 된다. 각 의견에 대해 당신이 아이라면 어떤 느낌을 들지 생각하면 된다. 너무 잘하려고 긴장할 필요는 없다. 최선을 다해 구체적인 인지적 개입을 사용하면 된다. 사례에 없는 내용을 추정해서 사용해도 좋다. 예를 들어, 아이의 관심사, 목표, 인센티브를 추정해서 개입해도 된다.

[사례 1]
14세 소녀인 에이프릴은 잠시 한눈을 팔면 어느 새 옷과 책으로 거실과 부엌을 엉망으로 해 놓는다.

한 사례를 마친 후 토론

• 각 성인의 의견에 대해 아이로서 어떻게 느꼈나? (무서운 느낌이 든 표현까지 포함해서)

______

• 각 성인의 의견에 대해 성인으로서는 어떻게 생각하나?

______

• 각 인지적 개입에 대해 서로 의견을 나누기 바란다. 지지적인 중립성을 전달했는가?

–좋았던 점 ______

–개선점 ______

• 효과가 있었나?

–좋았던 점 ______

–개선점 ______

각 성인에게 그분의 행동이나 표현 중에서 좋았던 점과 개선될 부분에 대해서 말해 주기 바란다.

[사례 2]
9세 소년인 네이선은 지는 것을 참지 못한다. 게임 중에 다른 아이가 네이선을 이기려 하자, 지는 것을 싫어하는 그가 게임판을 손으로 친다.

한 사례를 마친 후 토론

- 각 성인의 의견에 대해 아이로서 어떻게 느꼈나? (무서운 느낌이 든 표현까지 포함해서)

______

- 각 성인의 의견에 대해 성인으로서는 어떻게 생각하나?

______

- 각 인지적 개입에 대해 서로 의견을 나누기 바란다. 지지적인 중립성을 전달했는가?

–좋았던 점 ______

–개선점 ______

- 효과가 있었나?

–좋았던 점 ______

–개선점 ______

각 성인에게 그분의 행동이나 표현 중에서 좋았던 점과 개선될 부분에 대해서 말해 주기 바란다.

> [사례 3]
> 6세 소년인 크리스털은 친구와 장난감을 서로 차지하려고 싸우고 있다. 친구가 먼저 그 장난감을 가지고 놀았다. 그 친구도 빼앗기려 하지 않았지만 크리스털이 친구들을 자주 때렸기 때문에 불안한 기색이 역력하다.

한 사례를 마친 후 토론

- 각 성인의 의견에 대해 아이로서 어떻게 느꼈나? (무서운 느낌이 든 표현까지 포함해서)

______

- 각 성인의 의견에 대해 성인으로서는 어떻게 생각하나?

______

• 각 인지적 개입에 대해 서로 의견을 나누기 바란다. 지지적인 중립성을 전달했는가?

–좋았던 점 ______________________________

–개선점 ______________________________

• 효과가 있었나?

–좋았던 점 ______________________________

–개선점 ______________________________

각 성인에게 그분의 행동이나 표현 중에서 좋았던 점과 개선될 부분에 대해서 말해 주기 바란다.

> [사례 4]
> 16세 소년인 제레미는 직장에 5분 늦게 도착했다. 3일째 계속 지각했다. 마음에 드는 직장이었고 들어가기 아주 힘든 곳이었다.

한 사례를 마친 후 토론

• 각 성인의 의견에 대해 아이로서 어떻게 느꼈나? (무서운 느낌이 든 표현까지 포함해서)

____

• 각 성인의 의견에 대해 성인으로서는 어떻게 생각하나?

____

• 각 인지적 개입에 대해 서로 의견을 나누기 바란다. 지지적인 중립성을 전달했는가?

–좋았던 점 ______________________________

–개선점 ______________________________

• 효과가 있었나?

–좋았던 점 ______________________________

–개선점 ______________________________

각 성인에게 그분의 행동이나 표현 중에서 좋았던 점과 개선될 부분에 대해서 말해 주기 바란다.

각 사례에 대해서

- 아이: '즉각적으로 해결하려는' (그러나 도움이 되지 않는) 전형적인 성인의 반응이 무엇인지 말한다. 즉, 거의 도움이 되지 않지만 흔히 듣는 말을 의미한다.
- 성인 1: (아이의) 행동과 긍정적인 의도를 명명하고 그것을 아이에게 말한다.
- 성인 2: '선택이 결과를 낳는다' 란 측면에서 행동을 명명하고 그것을 아이에게 말한다.
- 성인 3: 의도와 행동을 명명하고 제안을 만들어 그것을 아이에게 말한다.

치료자 여러분, 연습을 하시느라 고생 많으셨습니다.
여러분께서 돌보시는 마음을 다친 아동 · 청소년과도 이러한 과정을
꼭 해 보시기 바랍니다.
마음을 다친 아동 · 청소년 여러분,
이제 여러분은 용을 물리친 기사로서 공주와 결혼을 할 수 있게 되었습니다.
힘들었겠지만 용기를 내어 끝까지 마친 것에 대해 박수를 보냅니다.
여러분의 앞날에 사랑과 감사와 존경과 행운이 함께 하길 바랍니다.

저자 소개

Ricky Greenwald

리키 그린왈드는 심리학 박사이며, 소아 정신적 외상 연구소(Child Trauma Institute) 설립자이자 대표이다. 뉴욕 시에 있는 마운트시나이 의과대학의 임상 조교수와 소아 정신적 외상 프로그램 과장을 역임하였다.

역자 소개

정성훈

경북대학교 의과대학을 졸업하고, 경북대학교병원 정신과에서 전공의 과정을 수료했다. 현재 경북대학교병원 정신과 과장이며, 한국 EMDR 공인치료자이자 대구 · 경북 해바라기아동센터 운영위원장과 대구 아동보호 전문기관 자문위원으로 활동하고 있다. 미국 뉴올리언스의 튤레인 대학병원의 소아 · 청소년 정신과와 유아연구소로 연수를 다녀왔으며, 주요 관심 영역은 애착 연구, 아동 학대, 소아 성폭력, 소아 · 청소년 외상후 스트레스장애다.

저서로는 『부모-자녀 관계 평가 및 상담의 실제』(공저, 시그마프레스, 2009), 역서로는 『아이들은 어떻게 생각할까: 피아제 입문서』(공역, 하나의학사, 2004)가 있다.

이메일: jshunn@gmail.com

정운선

경북대학교 의과대학을 졸업하고, 경북대학교병원 정신과에서 전공의 과정과 서울대학교병원 어린이병원 소아정신과에서 임상강사과정을 수료했다. 현재 경북대학교병원 정신과 임상교수이며, 한국 EMDR 공인치료자이자 대구 · 경북 해바라기아동센터 소장으로 활동하고 있다. 주요 관심 영역은 아동 학대, 소아 성폭력, 소아 · 청소년 외상후 스트레스장애, 정신약물학이다.

이메일: unsunchung@gmail.com

마음을 다친

아동·청소년 치료자를 위한 워크북

2011년 12월 10일 1판 1쇄 발행
2012년 4월 10일 1판 2쇄 발행

지은이 • Ricky Greenwald
옮긴이 • 정성훈 정운선
펴낸이 • 김 진 환
펴낸곳 • ㈜학지사
121-837 서울시 마포구 서교동 352-29 마인드월드빌딩 5층
대표전화 • 02) 330-5114 팩스 • 02) 324-2345
등록번호 • 제313-2006-000265호

홈페이지 • http://www.hakjisa.co.kr
커뮤니티 • http://cafe.naver.com/hakjisa

ISBN 978-89-6330-589-9 93180

정가 **10,000**원